外国語の遊園地

黒田龍之助

白水社

はじめに

海外で暮らしたことがない。

六〇年近く生きてきたが、留学したこともなければ、仕事で赴任したこともないのである。人生のほとんどは東京で暮らしてきた。それが不満なわけではない。

だがわたしは外国語の仕事をしているので、身近に海外の品物を置きたくなってしまう。そこで出かけるたびに現地でいろいろなものを買って帰る。ただし高級品は興味もないし、そもそも手が届かない。それより生活感のあるものを好んで買っている。とくに一昔前の品物。二〇世紀後半の日用品は、はじめて目にする外国製品でも、どこか懐かしい。

子どものころ毎日のように使っていたもの。あるいは欲しくてもお小遣いでは手に届かなかったもの。そのほとんどが大人になってみれば消えてしまっていた。ところが海外でばったり出合ったりす実物が、わたしの思考になにか働きかけるのか。
買い集めた品物を手に取って眺める。すると頭の中にいろんな話題が浮かんでくる。目の前にある
る。わたしが付き合ってきた旧ソ連・東欧は、そういう品物が不思議と多い。

本書はそういった、「もの」を語る「物語」である。

もくじ

第iv章　外国語をめぐるミステリー

第1章

外国語のある一日

中古の目覚まし時計

チェコ共和国の首都プラハにある古道具屋で、時計を買った。高価なアンティークではない。社会主義時代に生産された、ごくふつうの目覚まし時計である。

文字盤の下には、英語でメイド・イン・チェコスロバキアの表記。古道具屋の店主は、一九八〇年代の代物だという。色は白だが、左側がすこし陽に焼けている。かつてどこかの寝室の窓際に置かれ、朝日を浴び続けたのだろうか。まるい姿がとぼけていて、愛着が湧く。チェコ太郎という名前をつけた。

チェコ太郎は現役の目覚まし時計である。電池式ではないから、裏にあるネジを巻く。そうすれば、ちゃんと動く。ネジはもう一つあって、こちらは目覚ましのベル専用。設定した時間になると、このネジがゆるみながら音が鳴り響く。

最近の目覚まし時計は、澄ました電子音で「ピピ、ピピ」と鳴る。ところがチェコ太郎は、思い切りガサツに「ジリジリジリジリ」とわめく。上についた黒いボタンをあわてて押して、音を止める。

目覚まし音だけではない。そもそもチェコ太郎は、秒針の進む音が相当にぎやかである。「チクタクチクタク」と、元気な音を立てる。自分が懸命に働いていることを、アピールするかのようだ。おかげで枕元に置いておくと、少々うるさい。

さらにネジをまいた直後は、張り切りすぎて幾分進んでしまう。ネジがゆるんでくると、こんどは徐々にスピードが遅くなる。なんとも面倒なのだが、なぜか憎めない。ただし安眠のため、ふだんは棚に仕舞ってある。

チェコ太郎はときどき大活躍する。いつもより早く起きなければならないとき、たとえば海外へ出かける朝なんかは、いつもの目覚まし時計のほかに、チェコ太郎もセットして、五メートルほど離れた隣室のテーブルに置く。定刻になると、隣室とは信じられない音量で「ジリジリジリジリ」と鳴る。イヤでも起き上がって、止めに行かなければならない。おかげで確実に目が覚める。

チェコ語で目覚まし時計のことをブジークbudíkという。その語源はブッダ（仏陀）にも通じる。仏陀は「目覚めた人」だが、ブジークは「目覚めさせる者」である。

だがチェコ太郎は、悟りを開いたような落ち着いた態度なんて、微塵も見せない。むしろ、どうです、ボクだってなかなか役に立つでしょうといわんばかり。目覚まし音を鳴らすときなんて、ちょっと自慢げにすら見える。

チェコ太郎が生まれた八〇年代、わたしは東京で大学生をやっていた。当時のチェコスロバキアには、旅行すらしたことがない。それなのに、チェコ太郎を眺めていると、なぜか懐かしい気持ちになる。

わたしが長くつき合ってきた旧ソ連や東欧地域は、この四半世紀で大きく変わった。グローバル化は世界を画一化してしまったかのようだが、昔はそれぞれの国に独自の風土があった気がする。旅をしていると、今でもその名残を見つけることがある。それは生活雑貨だったり、建築物だったり、あるいはことばだったりするのだが、そういう一昔前の遺物は、なぜか懐かしい気持ちを起こさせる。

はじめてなのに懐かしい。最近のわたしは、そんなものばかり追い求めている。

（日本経済新聞、二〇一七年七月四日付夕刊）

相当にぎやかな目覚まし時計のチェコ太郎

日めくりカレンダー

狭いマンション住まいなのに、部屋のあちこちにカレンダーがかけてある。電話のそばに一つ、ソファーのそばに一つ、コンピュータのそばに一つといった具合だ。

どのカレンダーも外国製である。年末になると、都内の洋書店をまわり、輸入カレンダーをいくつも買い込む。ロシアや東欧の写真、ヨーロッパの古地図、ビールやワインのラベル、各国の郷土料理など、来年はどれにしようかと、カミさんと二人で丹念に選ぶ。

海外で買い求めることもある。九月初旬ともなれば、ヨーロッパの街角には翌年のカレンダーが並び出す。折り皺をつけずに持ち帰るのは一苦労だが、日本では入手しにくい国のカレンダーを一年かけて飾るため、ここはひとつ頑張りたい。

外国製のカレンダーには、その国の祝日が記されている。赤い印が気になり、はて、今日は何の日だったかと、カレンダーに近づいて説明を読んでみれば、遠い国の独立記念日だったり、知らない偉人の誕生日だったりする。ときには何の説明もない。現地の人には自明のことなのだろうが、こちらは落ち着かず、あれこれ調べてしまう。

カレンダーは一か月が基本なので、毎月一日の朝は、すべてのカレンダーをめくる必要があり、なかなか忙しい。それでも新しいデザインを目にするときには、なんともいえない新鮮な喜びがある。

日めくりカレンダーもある。コーヒーメーカーのすぐ傍に置いてあり、朝のコーヒーを淹れる前に、毎日一枚めくる。二〇一七年は「失われた英単語」を紹介する日めくり。説明が詳しく、面白いのだが情報量が多いため、すべて読むことは稀だ。

とくに気に入っていたのが、その二年前にスロベニアの首都リュブリャーナで買い求めた日めくりカレンダーだ。サイズは四・五センチ四方と小さく、買ったばかりのときは愛らしい立方体だったが、それがだんだんと薄くなっていく。

印刷されているのは、日付を示す大きな数字と、あとは月名、曜日名くらい。スロベニア語の月名は英語とほぼ同じだから簡単だが、曜日名は独自である。それでも毎週目にしていれば、たとえば火曜日はトーレクtorekということを、自然と覚えてしまう。

さらに「名の日」も示される。キリスト教圏のカレンダーには、毎日一、二名の聖人の名前が割り振られている。自分と同じ名前の聖人の日を、名の日としてお祝いする人もいる。誕生日並みの扱いだ。花屋の店先には、「今日は○○の日」と表示されていることがあるから、花を贈る人もあるのだろう。

あとはときどき月のマークがあって、満月や上弦の月が示されるが、情報はせいぜいそのくらい。これなら必ず読み切れる。実にシンプルである。

何よりも便利なのは、使い終わって切り離したものが、メモ用紙として最適なこと。裏に走り書きをして、財布に挟んでおく。アナログ人間にはありがたい。どんどん使ってしまい、手元に残っているのはほんの十数枚。二〇一六年の五月三一日は火曜日で、アンゲラの日。裏には何やら覚えのない番号。はて、何だっけ?

スロベニア語の曜日名は覚えても、この番号の意味するところは、すっかり忘れてしまった。

（同、二〇一七年七月一一日付夕刊）

メモ用紙として最適なスロベニアの日めくりカレンダー

ロンドンの外国語新聞

朝はコーヒーを飲みながら、新聞を読むのが長年の習慣である。この習慣は、海外でも変わらない。外国では現地の新聞を読む。プラハではチェコ語新聞、リュブリャーナではスロベニア語新聞といった具合だ。最寄りのキオスクで買い求め、適当な喫茶店を見つけ、コーヒーを飲みながら目を通す。海外で外国語能力が回復するまでには、一定の時間がかかる。日本で日々触れているわけではない、チェコ語やスロベニア語を駆使しながら街を散策するには、頭を切り替えなければならない。それには新聞を読むのが、最良の方法なのである。

イギリスを旅行したときもそうだった。若き英語教師二名を道連れに各地をめぐったのだが、とくにロンドンでは、朝は必ず喫茶店に立ち寄り、コーヒーを飲みながら新聞を読んだ。英語教師CくんとPくんもこれに倣い、現地の新聞に目を通すのが習慣となった。

だが二人が現地の英語新聞を熱心に読んでいる隣で、わたしはポーランド語新聞を読むのである。多言語都市ロンドンでは、さまざまな言語の新聞が売られている。海外から届くもの以外にも、ロンドンで発行されている外国語新聞がある。「ヂェンニク・ポルスキ」*Dziennik Polski*もその一つ。ヂェンニクは日刊紙、ポルスキはポーランドを意味する形容詞なので、「ポーランド日報」といったところか。一九四〇年創刊の、伝統ある日刊新聞だ。

ロンドン散策前に、ポーランド語新聞なんて読んでいる場合ではないのだが、その魅力には勝てない。英語は二人に任せるとして、わたしは朝からポーランド語を満喫する。

親切なPくんが、新聞を買ってきてくれるという。小銭を渡して待っていると、ちゃんと「ヂェンニク・ポルスキ」を買ってきた。同行したCくんによれば、Pくんはロンドンのキオスクで、片っ端から「ポルスキ?」と尋ねまくったそうである。おいおい、キオスクの店員さんには、英語でいいんじゃないの?

ある朝、Pくんは「ヂェンニク・ポルスキ」が見つけられなかった。わたしが探しても、やはりない。日刊紙なのだが、財政事情から毎日の発行が難しいというウワサも聞く。仕方がない。今日は別の新聞にしよう。バルカン半島の某言語の新聞を買い、近くの喫茶店に入った。

三人がそれぞれ新聞を読んでいると、ウエイターがコーヒーを運んできた。はじめは愛想がよかったが、わたしの読んでいる新聞に気づくと、怪訝そうな顔で、何語の新聞を読んでいるのかと、英語で尋ねてくる。わたしは言語名を伝えた。

その途端、ウエイターの態度が変わった。なんでそんな新聞を読むのか。なんでって、こういった言語がわたしの専門なんですと答えるのだが、そんなものは日本人が研究することはない、お前は人生の選択を間違えたのだと、それはもう、ひどい言いようであった。

あとで分かったのだが、このウエイターは、わたしが読んでいた新聞の言語を話す民族との紛争の末、故郷を追われ、ロンドンまで逃れてきた難民だったのである。心中は想像するに難くない。

外国語がいつでも心の扉を開くとは限らない。心と繋がっているからこそ、ことばはデリケートなのである。言語はときに、コーヒーより苦い。

（同、二〇一七年七月一八日付夕刊）

セルビア語の新聞はラテン文字版とキリル文字版がある

憧れのスイスえんぴつ

毎朝、外国語の例文を書き写すようになって、もう何年になるだろうか。

プラハで買い求めた『チェコ語＝ロシア語表現辞典』は、語の説明は最低限だが、代わりに例文が豊富である。コーヒーと新聞のあと、わたしはチェコ語文、カミさんは対応するロシア語文を、それぞれノートに書き写す。三つの例文を二回ずつ、計六つが日課と決めている。

きっかけは同僚の英語教師の話。彼は在外研究で、家族とともに一年アメリカに滞在した。現地では子どもも英語に親しんだが、帰国すればあっという間に忘れてしまう。それを少しでも食い止めるため、子ども向け絵入り辞典を買い与え、毎日書き写させているという。

ただ例文を書き写す。そこにはどんな効果があるのか。興味を持ったわたしたち夫婦は、さっそく真似することにした。最初はやはり子ども向け絵入り辞典を買ってきて、フランス語やイタリア語などを写した。いろいろ試して、ここ五年ほどはチェコ語とロシア語に落ち着いている。お互いの専門言語を交換し、朝からああだこうだいいながら、他愛のない文を真剣に写す。

筆記用具はえんぴつである。どちらが自分のえんぴつか、一目で分かるように色の違うサックが被せてある。書き始めるまえに、えんぴつ削りでゴリゴリやって先を尖らせる。毎日ほんの少ししか使わないから、それほど急には短くならない。それはノートも同様で、同じものを五年以上使っている。

チェコ語とロシア語は、どちらもスラブ語派というグループに属しており、お互い非常に似ていると言語学的には説明される。だが「えんぴつ」という単語は似ていない。チェコ語はトゥシカtužka、ロシア語はカランダーシュкарандаш。まったく違う。

スイスにカランダッシュという高級筆記用具メーカーがある（こちらは「ダッ」と表記）。店名は創業当時ヨーロッパで活躍していた、ロシア系フランス人風刺画家のペンネームに由来するという。日本にも支店があって、万年筆や色えんぴつが買えるが、ふつうのえんぴつがあるかどうかは知らない。あったとしても高級そうだから、いくら減りが遅くても、貧乏性のわたしには恐れ多くて使えない。永遠の憧れである。

似ていないのは、えんぴつだけではない。ロシア語を横目にチェコ語を書き写しながら、日々感じることは二つの言語の差異ばかり。語彙も文型も異なる例文だって、珍しくない。それ以前に、そもそも意味がわからなかったりする。そういうときは、同じシリーズの『チェコ語＝英語表現辞典』を覗く。タイプの違う英語の対訳は、思わぬヒントを与えてくれる。それでもダメなら覚悟を決めて、朝から辞書を引きまくる。文脈から離れた例文の解釈は、想像以上に難しい。

言語学の論文では、例文にある単語一つ一つに、意味と文法形態が説明されている。だが、それだけで本当に分かるのか。そもそも文脈から切り離された例文は、辞書などで提示するための妥協であり、研究の対象にはならないのではないか。そんな考えが脳裏をよぎる。

ただ書き写すだけの作業だから、絶大な効果なんて期待しない。それでもえんぴつを通して、手で外国語を感じるのは悪くない。こういう遠回りな作業が、わたしの性に合っているらしい。

（同、二〇一七年七月二五日付夕刊）

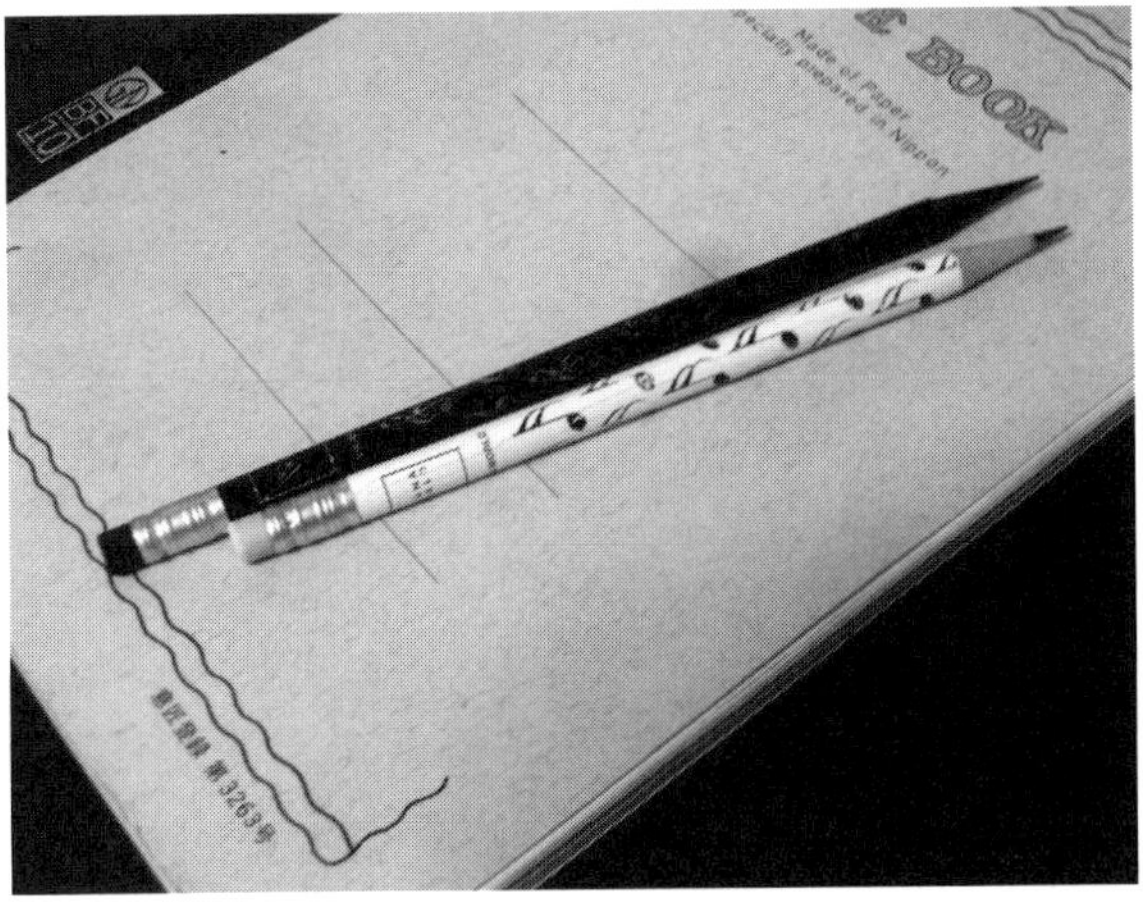

プラハで買った鉛筆、でもオーストリア製

伝統の歯みがき

かつて海外へ出かけるときは、今よりもはるかにたくさんの物を持っていった。

とはいえ、行先が大自然の中というわけではなく、都会で、しかもほとんどが首都だった。ところが当時の旧ソ連や東欧は不便な地域で、日用品が慢性的に不足していた。そこで電池とか、ボールペンとか、フィルムとか、日本ではふつうに買えるものを、あらかじめカバンに詰め込んで出かけたのである。

もっとも重宝したのは、トイレットペーパーだった。ホテルにはまず備え付けてないし、街でも売っていない。そこで日本から持って行くのだが、芯を抜いて、圧縮して潰しておけば、持ち運びに便利となる。そんなコツまで知っている、自分が悲しい。

だがこの四半世紀で、状況は変わった。今では、トイレットペーパー持参で海外旅行することはない。むしろ物によっては、現地で調達したほうがよいことさえ覚えた。

たとえばシャンプー。現地で買ったほうが、日本から持参したものより泡立ちがいい。水の違いか。

それから練り歯みがき。これにはちょっとした思い出がある。

かつてプラハを旅行中、持参した歯みがきが切れてしまい、ドラッグストアで探すことになった。それまでは海外でオーラルケアのコーナーに立ち寄ることなんてなかったが、そこに並ぶ製品は日本と驚くほどよく似ていた。とくに練り歯みがきはブランドまで同じで、アクアフレッシュとかコルゲートとか、自宅近くのドラッグストアでも見かけるものばかり。歯みがきは非常にグローバル化している。

その中にオドルOdolというブランドがあった。これは知らない。

いや、以前にどこかで見たぞ。

思い出した。プラハの交通博物館へ出かけたときだった。館内には実際に使われた路面電車が何台も展示されていて、中には戦前のものもあったのだが、その中の一つの車体にオドルの広告があったのだ。歯みがきの宣伝が路面電車の車体を飾っているのが珍しくて、記憶に残っていたのである。

そのオドルが目の前に並んでいる。今でも製造されているらしい。これは是非とも試してみたい。種類がいろいろあって迷うが、オドル・クラシックなるものを買ってみる。

宿に戻ってさっそく歯を磨いた。期待したわりに、オドル・クラシックは味も香りもふつうだった。日本で使っている歯みがきと変わらない。これがクラシックの所以か。

あとで調べてみたのだが、オドルは一八九二年から製造されているという。ハプスブルク帝国時代から作られているわけだ。今ではイギリスの製薬会社の傘下となっているらしいが、一九世紀以来のブランドが続いているとは驚きだ。しかも歯みがきの味は、百年以上前から完成していたことになる。それほど伝統があるとは知らなかった。

オドル・クラシックはチェコ旅行中に使い切れなかったので、日本に持ち帰り、しばらくは東京の自宅で使っていた。味や香りは日本製と変わらないはずなのに、使い切ってしまうときは、ちょっと残念な気分にすらなった。次にチェコへ出かけるときには、忘れずに買ってくるつもりでいる。

お口の中が伝統の味。朝からなんだか楽しいではないか。

（同、二〇一七年八月一日付夕刊）

伝統の味がするオドル・クラシック

ホームズの帽子

最近、外出時には帽子をかぶるようになった。前後両方につばがついている、シャーロック・ホームズとお揃いの鹿撃ち帽。ロンドンのコベントガーデンで買い求めた。ここは『マイ・フェア・レディ』でイライザとヒギンズ教授が出会った場所。わたしはそこでホームズ帽と出会った。以来、東京の街中でも愛用している。

実をいえば、帽子が嫌いだった。保育園児の頃は指定された黄色い帽子を全員がかぶらなければならなかったのだが、わたしに配られる帽子はいつもきつかった。どうもふつうより頭が大きいらしく、三歳児のときは四歳児用、四歳児のときは五歳児用というように、いつでも一つ上のサイズが渡された。六歳児のときは特注となった。

小学校に上がっても状況は変わらない。ついには最大サイズでもきつくて、でもそれ以上がないので、無理して頭を押し込んでいた。当然ながら痛い。孫悟空の苦しみがよくわかる。その後はなるべく帽子をかぶらない生活を目指した。

とはいえ、どうしても帽子をかぶらなければならない場合もある。たとえば冬のロシアだ。学生時代から院生時代にかけて、ロシア語通訳としてしばしばモスクワやレニングラード（現サンクトペテルブルグ）に出かけた。クリスマスや正月休みのツアーの頃は、気温は大抵マイナス。帽子がなければ脳ミソが凍ってしまうぞと、ロシア人が真顔で脅かす。

当時から厚めのニット帽をかぶる人が多かったが、ロシアなのだから、やはり「あの」帽子がほしい。ロシア語でシャープカшапкаという。つばはないが、実は耳を覆う部分があり、ふだんは頭頂部分に上げて紐で結んでおき、よほど寒いときだけ下ろして使う。ちなみにホームズ帽にも同様の耳覆い部分があるが、やはりふだんは上げたままである。

シャープカの材質はいろいろだが、高級なのは毛皮製だ。毛皮は種類によって値段も違う。もっとも安いのがウサギで、だいたい黒く染められている。白テン、黒テン、ミンクあたりはどれも高級品、銀ギツネともなれば、かつて赤の広場に並ぶ政府要人が着用するほどだった。

通訳で出かけた際、自由時間にモスクワのデパートでシャープカを探した。案の定、ミンクや銀ギツネは高価でとても手が出ない。とはいえ安物のウサギは、使っているうちに毛が抜けてくるという。

さんざん迷った挙句、ビーバーにした。三〇年前のお値段で約七千円。わたしにしては、思い切った買い物だった。

このシャープカが非常に気にいっている。まずきつくない。ロシア人向けに作られているから、さすがに大きいのである。それから暖かい。ビーバーの毛皮は滑らかで、触り心地がなんともいい。以来、旧ソ連に出かける際は愛用していた。

だが最近はロシアに行かないので、かぶるチャンスもない。もちろん日本でも使わない。温暖化の影響もあり、東京でシャープカはまったく不要なのだ。そもそも最近のロシアの映像を見ても、シャープカ姿の人はめっきり減っている。

だからホームズ帽なのである。

今日もこの帽子姿で、東京・神田神保町を散策する。本の捜索は探偵の調査と変わらない。そんな屁理屈をいいながら、古書街を巡るのである。

（同、二〇一七年八月八日付夕刊）

ロンドンで買ったホームズとお揃いの帽子

ベオグラードの地下鉄

車の運転ができないので、移動は専ら公共交通機関を利用している。お気に入りは地下鉄だ。最寄り駅の一つが銀座線なのだが、レトロ調の車両が走っているのが嬉しくて、なるべく利用するようにしている。数は少ないが、内装が木目調の特別車両があって、その落ち着いた雰囲気の中で文庫本を読むと、最高に気分がいい。滅多に行き当たらないが、だからこそ期待も高まる。東京メトロの思う壺なのだろう。

東京の営団地下鉄が東京メトロになったおかげで、メトロという単語が日本でも広く知られるようになった。英語偏重の世の中で、サブウェーやチューブにならなかったのが奇跡である。

わたしが長年つき合っている旧ソ連東欧地域では、地下鉄をメトロという国が多い。ロシア語も、ウクライナ語も、チェコ語、ポーランド語も、みんなメトロmetro /метроである。

地下鉄のある都市は、なんだかホッとする。運転のできないわたしでも、好きな場所へ行ける気がする。モスクワやプラハでは地下鉄を使いこなして、精力的に散策する。路線図も頭に入っている。

外国の地下鉄では、車内アナウンスが面白い。プラハは「乗り降りをお済ませください。ドアが閉まります」、モスクワは「お気をつけください。ドアが閉まります」と、微妙に違う。ベラルーシの首都ミンスクはやはり旧ソ連圏だけあってモスクワ風なのだが、まったく同じ案内がベラルーシ語で流れ、わたしの興味はさらに深まる。

久しぶりに訪れた都市に、新しく地下鉄が走っていれば、乗らずにはいられない。ポーランドの首都ワルシャワでは、一九九五年に地下鉄が開通したが、嬉しさのあまり、意味もなく路線を往復してしまった。ブルガリアの首都ソフィアの地下鉄開業は一九九八年だが、やはり用もないのに乗り込んで、車内アナウンスに耳を傾ける。馴染みの都市が変わっていくのは、ふつうは寂しいのだが、地下鉄だけでは例外的にワクワクする。これで車両がレトロなら、もっといいのだが。

だから二〇一三年にセルビアの首都ベオグラードで地下鉄の入口を見つけたときも、さして驚きはしなかった。ついにここにも出来たかと、感無量ながらも落ち着いて、下へと降りてみた。

ところが何もないのである。

おかしいな。

入口に戻って確かめる。路線図の隣に掲示されている説明をよく読めば、ここは「地下鉄計画」のパネル展示をした、単なる地下道であることがわかった。

他のヨーロッパ諸都市と同じく、ベオグラードも二〇世紀初頭から地下鉄を作ろうという計画があったが、二つの大戦や資金不足で、いまだに実現していないという。

わたしがはじめてベオグラードを訪れたのは一九八五年。覚えたてのセルビア語を使ってみたくて、大学の夏休みを利用して出かけた。

それから二八年ぶりに訪れたのだが、街にはNATO軍の空爆を受けたビルが、傷跡も生々しく、いまだに惨い姿を晒している。街全体がくすんでいて、活気がない。新しい地下鉄ができて、再び活気を取り戻してくれるのは、いつの日か。

その際には、是非ともレトロな車両を導入してほしい。

（同、二〇一七年八月一五日付夕刊）

どう見ても地下鉄の入口だけど、実は単なる地下道

旅のお供に古典語

パスポートの有効期限が切れそうになったので、その前に更新の手続きをしようと申請所へ行った。運転免許を持たないわたしにとって、パスポートは貴重な身分証明書（写真付）である。

申請所の近くには、証明書写真や収入印紙、さらには旅行グッズを扱う店が並ぶ。国によってはパスポートが身分証明書ということもあるが、日本のパスポートは海外渡航用の旅券である。旅と関係があるものが売られているのは、当然だろう。

書店もある。覗いてみれば、語学書コーナーが充実している。ふつうより広めの場所が確保されているようだ。なるほど、海外旅行予定者に期待しているわけか。パスポートを申請したあとは、外国旅行気分も高まる。語学書コーナーに立ち寄り、近々出かける国のことばの参考書を物色したくなる気持ちは、わたしにもよく分かる。

初老の男性が熱心に立ち読みしていた。どんな外国語の参考書を読んでいるのだろう。つまり、いったいどこに出かけるのか。気になったので、さりげなく近づき、開かれたページを盗み見た。

ラテン語だった。

吹き出しそうになるのをこらえて、その場を立ち去った。海外旅行にラテン語なんて、いったいどういうつもりだろう。

しかしその後で、それもいいかなと考え直した。

たとえばプラハの街中を歩いていると、教会などの古い建物に金文字でラテン語が輝いているのを目にすることがある。ところが意味は分からない。だからなんとなく気になってしまう。そういうときにラテン語の参考書があったら、きっと夢中で読むのではないか。

プラハに限らず、ヨーロッパではあちこちでラテン語を見かける。ふつうの観光客が見向きもしないラテン語を見つけ出し、しかもそれが理解できたら、ものすごく気分がいいにちがいない。

だいたい旅行先の言語の会話集なんて代物は、持って行ったところでたいして役に立たないのである。外国語というものは基礎知識がなければ、フレーズを丸暗記しても使えない。マヌケな旅行会話の準備をするくらいだったら、ラテン語にじっくり触れるほうが有意義だし、しかも知的である。

ラテン語に限らない。どこの国でも教会や神社仏閣には、古典語が溢れている。古典ギリシア語の文字だけでも読めたら、なんだか素敵ではないか。アジアだったらサンスクリット語を知っていると、いいかもしれない。漢文だっていい。

古典語を求める海外の旅。これはすごくカッコいい。

大学院時代にロシア語の古文を専門としていたわたしは、通訳のバイトでモスクワに出かけるたびに、時間を見つけては寺院を訪れた。壁に描かれたフレスコ画や、展示された聖像画にある中世ロシア語を読み解こうと努めた。それが楽しかった。何よりも、古典語が読めることがカッコいいと信じていた。

だとしたら、旅行にラテン語参考書はアリである。むしろ、その志の高さに敬意を払うべきなのだ。笑うなんて失礼千万である！

一人興奮気味のわたしが、先の立ち読みの男性が旅行とは関係ない可能性に気づいたのは、書店を出た後だった。

（同、二〇一七年八月二二日付夕刊）

ラテン語の会話集は実在します

釣り銭のないとき

日本にいるときは、財布の中に重たい硬貨が貯まらないようにしているが、海外では、むしろ計画的に残すよう心がけている。券売機、自販機、トイレチップなど、紙幣で対応できないことも珍しくないから、準備はしておいたほうがいい。

もっとも旅程の初期段階では、硬貨がイヤでも貯まる。こちらの外国語がまだ不慣れなため、買い物の際に請求された金額を聴き取ることができず、ついつい大きな金額のお札を出して、お釣りを貰うからである。財布の中が、あっという間に硬貨でいっぱいとなる。

反撃に転ずるのは、三日目くらいから。数字を聴き取る能力が復活し、レジ係が口頭で述べる金額を聞きながら、財布からぴったりのお金を選び出せるようになる。ぴったりなくても、たとえば一七八だったら二〇八出して、お釣りを三〇もらう。一八三を出せば、お釣りは五だけ。こんな高度な技が駆使できれば、清々しい気分にさえなる。

ただぴったり出せばいいというものではない。チップの必要なレストランではどうするか。たとえば請求書には二七一とあったとする。料理はおいしかったし、サービスもよかったから、三〇〇支払いたい。ところが財布にはあいにく五〇〇札しかない。

こういうときにはウエイターに向かって「三〇〇!」といいながら、五〇〇札を渡す。すると相手は五〇〇札をレジに持っていき、しばらくすると二〇〇札を持って戻ってくる。無事にお釣りが受け取れるか、内心はドキドキなのだが、だからこそうまくいけば、さらに清々しい。

この方法はチェコ共和国で覚えたが、ヨーロッパでは広く通用する。ポーランドでもちゃんと分かってもらえた。わたしのポーランド語が通じた証である。だがリトアニアでは失敗した。五〇〇札を渡しながら、「三〇〇!」といったつもりなのに、ウエイターはお釣りとして二二九を、硬貨も合わせてじゃらじゃら持ってきた。律義にお釣りが戻ってきたのだから文句はいえないが、リトアニア語がうまく通じなかったことが悲しい。

旧ソ連ではさまざまな物資が不足していたが、硬貨もまた足りなかった。つまりお釣りがないのである。「細かいのはないか?」と尋ねてくるのだが、生憎こちらは持ち合わせがない。するとレジ係のおばさんが、何かを放ってよこす。

チューインガムである。

はじめはさっぱり理解できなかったが、同じことがくり返されるうちに分かってきた。どうやら釣り銭の足りないときは、チューインガムで代用するらしい。

なんということ！

こちらはチューインガムなんて、ちっとも欲しくないのである。ガムはそもそも噛まないが、それ以上にソ連のガムは味が分離していて、徹底的にまずい。それなのに、ポケットにはガムがどんどん増えていく。

ロシア語で硬貨のことをミェーラチмелочьというが、この単語は他にも「採るに足らないもの」という意味がある。採るに足らないものの代わりに商品のガムをあげるんだから、むしろ感謝しろといわんばかりの、ソビエトのおばさんが懐かしい。

ちなみに、こちらが硬貨の代わりにガムで支払うことはできなかったはずだが、いま思えば試してみればよかった。


（同、二〇一七年八月二九日付夕刊）

ロシアでもらった釣り銭、チューインガムじゃなくてよかった

平日箸と週末箸

わが家のささやかな贅沢は、箸が数種類あって、それを使い分けることである。

たとえば昼食と夕食では、違う箸を用いる。週末や祝日にはまた別の、螺鈿細工で飾られた箸を使う。

箸は種類が多い。東京・合羽橋はもちろん、ふつうの商店街でも瀬戸物屋の店先にはきれいな箸がたくさん並んでいる。あまりにもきれいなので、必要もないのについつい買ってしまう。

日本では箸が個人使用である。自分のものが決まっていて、たとえ家族であっても共有しない。茶碗や湯呑みも同じだ。

ところがヨーロッパは違う。フォークもナイフも、誰のものか決まっていない。テレビドラマで、ヨーロッパの貴族が館で食事する場面を観ていると、家の紋章などが入った特注品のフォークやナイフはあっても、個人使用ではないことに気づく。そもそも形や色がみな同じで、見分けがつかない。皿やカップもそうだ。あれだけ個人主義が発達しているのに、そういう発想がないのか。

食卓で使うナイフ、フォーク、スプーンなどの総称として、英語ではカトラリーという。これにぴったりと対応する日本語が浮かばない。ある辞書には「食卓用金物」とあったが、わたしはそういう日本語を使ったことがない。

だが海外ではときに必要となる。

若き英語教師二人といっしょにイギリス旅行をしたとき、田舎町の食堂でハンバーガーを頼んだ一人に「カトラリーはいかがなさいますか」と問われて、全員が戸惑った。日常会話に困らないくらい英語ができる教師たちでも、習慣を知らなければとっさに反応ができないことを、再認識させられた。

カトラリーに相当する単語は、ロシア語やチェコ語など、スラブ系言語にもある。だがそういう単語は、積極的に使った覚えがない。たとえば食堂で、注文した料理は出てきたのに道具がなかったら、フォークをくださいとか、ナイフをくださいとか頼むかもしれないが、カトラリーをくださいは思いつかない。だから覚えられない。

ヨーロッパではナイフとフォークが当たり前だが、中華料理店では箸を用意している可能性がある。もちろん、黙っていては出てこない。こちらから積極的に要求する。英語ではチョップスティックス、ロシア語ではパーラチキпалочки、チェコ語ではフールキhůlkyと、まったく共通点がないから一つ一つ覚えなければならない。だが大抵は、とくに従業員が中国人の店だったらほぼ確実に用意してあるので、試してみるといい。箸を手渡すとき、従業員はほんの少しニッコリする。同じ文化を共有している気持ちが、一瞬だが確かめられる。

食堂で出される箸は、割り箸でも塗り箸でも個性がない。だが家庭では、細工をこらした箸が個人個人で使用される。

日本では赤系統が女性用、黒や青などが男性用という暗黙の了解がある気がする。わが家ではこういう傾向に逆らい、週末箸は紫色がわたしので、緑色がカミさんのである。夫婦茶碗なんてものがあれば、これも逆にしたいところだが、米はほとんど食べないので、そもそもわが家には茶碗がない。

食器となると個人所有でなくなり、急にヨーロッパ化してしまう。これも不思議なものだ。

（同、二〇一七年九月五日付夕刊）

何の変哲もないカトラリー、実は海外のデパートで買いました

アル・デンテ無用

食べ物や飲み物は、各自がそれぞれ楽しめばいいはずなのに、さまざまな偏見が伴う。

たとえば麺類。ラーメンといい、うどんといい、かた茹でを賛美する風潮がある。芯のかたいほうが偉いと勘違いしているのか。自分で勘違いしている分にはいいが、好みを強制してくる人がいるから困る。

わたしは、麺類はよく茹でたほうが好きである。

九州ラーメンは茹で加減が選べるから助かる。やわらかめをお願いしますといえばいい。それを非難する雰囲気もない。ただ、他の人がやわらかめを注文するのは、ほとんど聞いたことがない。

もりそばはシコシコしているほうがいいけれど、それよりも温かいたぬきそばのほうが好きだ。それで江戸っ子かといわれそうだが、そうなのだから仕方がない。

うどんは基本的に外で食べないことにしている。「うどんはのど越し」というのを信じている人がいて、それ以外は認めないという同調圧力を感じるからだ。家で作るときは、充分に茹でてやわらかくする。家なら文句もいわれない。そうそう、九州のうどんはやわらかいから、やはり気に入っている。

歯ごたえのあるという意味のイタリア語アル・デンテal denteが、日本では広く普及した。麺文化圏では、ちょっと芯が残っているくらいを好む傾向があるのかもしれない。

それでは、わたしがつき合っている旧ソ連東欧には、アル・デンテという発想があるのか。ロシアやチェコでスパゲティを食べると、アル・デンテどころか、やわらかめの好きなわたしでも辟易するほど、茹で過ぎである。だから食べない。

チェコスロバキア時代のドラマを見ていたら、夏休みの子どもキャンプ場で自炊しているときに、茹でていたスパゲティが爆発して、辺り一面にスパゲティが散乱する場面があった。椅子やテーブル、樹木に力なくぶら下がるスパゲティは、それはそれはまずそうだった。

そもそも、アル・デンテに相当する単語が、ロシア語でもチェコ語でも、辞書で見つからない。イタリアに隣接するスロベニアでは、スパゲティもアル・デンテだが、それではスロベニア語で何というのか。かなり大きな辞書を引いてみたところ、直訳調の表現と並んで、アル・デンテがそのまま挙がっていた。

スパゲティはさすがにアル・デンテがいいかな。

いやいや、そうとも限らない。

日本の洋食には、つけ合わせとしてスパゲティが添えられることがある。ケチャップで味付けして、派手なオレンジ色をしているスパゲティは、もちろんしっかり茹でてある。これはこれで嫌いではない。他にもいわゆるナポリタンなるものも、大抵は芯がないが、これもときどき食べたくなる。

そんなスパゲティを軽蔑する人もいる。そもそもそういう人は、スパゲティではなくてパスタという。そのほうが本格的なのか。

わたしは本格とか、通とか、粋とかいうのが性に合わないらしい。そういった表現は、他人を見下すときに使う気がする。それよりも、好きなものを好きなように食べる自由を守りたい。

もちろん、やわらかい麺類を誰かに押しつけようなんて、まったく考えていない。

(同、二〇一七年九月一二日付夕刊)

スロベニアはスラブ圏でもとくにパスタがおいしい

ラパンの雨傘と日傘

先日、ラパン（仏語でウサギのこと）という渾名の青年と、待ち合わせたときのことである。指定場所に到着してみれば、彼は傘を二本持って待っていた。

「雨が降り出す前に、家を出られたのではないかと思ったもので」

映画か何かで、主人公が刑期を終えて出所すると、外は雨、ひとり忠義な子分だけが傘を手にじっと待っているといったシーンが、あった気がする。いかにも目端が効いて、すばしこいラパンらしい。

気持ちは嬉しいが、わたしの手にはすでに、愛用の傘が一本しっかりと握られ、さらにカバンには、予備の折り畳み傘まで入っていた。

傘はいつも持ち歩いている。出かけにどんな天気でも、カバンの中には折り畳み傘。用心深いというよりも、天気予報を信用しない、疑り深い性格のほうが勝っている。

実はかつて、傘をよく失くした。酷いときは、毎月一本ずつ失くすほどだった。そのとき覚えたのは、雨は傘のないときに限って降り出すという法則。統計的な根拠はないが、自分の経験と印象ばかりを信じる文系人間は、それ以降、どんな天気でも傘を持ち歩くようになった。さらにうっかり失くした場合に備えて、予備に買っておこうと考えるものだから、増える一方である。

わたしの書くロシア語の入門書には、傘を意味するゾーンチク зонтик が、頻繁に登場すると指摘されたことがある。ビールやワインが多いのは自覚があり、だから高校で教科書として採用してもらえないという噂も聞いたが、傘については意外だった。

傘は外国語の例文を作るときに便利だ。まず「これは誰の傘ですか」「わたしの傘です」のように、所有代名詞の練習で使える。「傘を貸してください」なら目的語の用法が説明できる。「わたしは傘を持っていません」だったら所有の否定表現。一つの単語でさまざまな文法説明ができるから、お得なのである。

ところで、ロシアではどのくらい傘を差すのか。かつて観光で来日するロシア人に通訳として同行したが、彼らは雨が降ってもほとんど傘を差さなかった。ロシア語には「自然界には悪い天気なんてない」という表現もあるくらいで、わたしが彼らに傘を差しかけても、ニッコリ笑って断るのである。

雨のときの傘は好きだが、日傘はむしろ苦手である。とくに晴雨兼用がダメで、つゆ先といわれる端の尖っている部分が怖い。狭い道ですれ違うとき、目に刺さるのではないかと不安になる。雨天とは違って、こちらは対抗する傘さえ持っていないのだ。しかも日傘があるのにさらに日陰を求めて、道を譲らない人も多く、大袈裟かもしれないが、なにやらエゴイズムさえ感じてしまう。

ロシアの日傘はどうか。チェーホフの『犬を連れた貴婦人』では、若妻アンナが日傘を差して、河岸通りを散歩しているイメージがある。映画では小さな日傘を自分で差していたが、ロシアの貴族だったら、お付きの者が差しかけることはないのか。

その晩、ラパンは傘を二本持ったまま、わたしと飲みに行った。そのうち雨はやんだが、酔ったわたしは彼に傘を預け、さらに飲みに行く。結局、ラパンの傘は計三本になってしまった。それでも文句をいわず、わたしの足元を気遣いながらつき従う。彼なら日傘だって、差しかけてくれるに違いない。

（同、二〇一七年九月一九日付夕刊）

バルト諸国を観光中に雨、やはり傘は常備したい

チャーチャと呼んで

仕事場の近くに昔ながらのラーメン屋があって、昼時はサラリーマンでけっこう混んでいる。混雑が嫌いなわたしは、開店まもない頃を狙って入り、決まって味噌ラーメンを注文する。味はいいし、安いし、とても気に入っているのだが、一つだけ困ったことがある。

「はい味噌ラーメン、オニイサン」

そのオニイサンというのを、やめてもらえないだろうか。

店員さんは女性ばかりで、年齢もさまざまに見えるが、全員がオニイサンと呼ぶ。どうして「はい味噌ラーメン」ではダメなのか。ときには「ミソのオニイサン」になる。チャーシューメンを注文したら、いったい何て呼ばれるのだろう。そんなことを考えながら、店員さんが立ち去るまでじっと耐える。

もっとも、わたしだけがオニイサンと呼ばれるわけではない。かなり年配の男性にもオニイサンだから、見た目がどうこうという話ではなさそうだ。では女性には何と呼びかけるのか。気になるところだが、客は圧倒的に男性が多く、女性への呼称は未確認である。

見ず知らずの人に声をかけるとき、日本語は難しい。一方で外国語によっては、便利な表現がある。ソビエト時代、ロシア語では呼びかけに「同志」という意味のタワーリシチтоварищが広く使われていた。男性にも女性にも使えるから、ミスターやミセスよりも便利。しかもその後に名字をつけてもいいし、つけなくてもいいので、楽である。

ところが時代が変わり、旧時代的で社会主義的なタワーリシチは、ふつう使わなくなった。代わりに何を使っているのか、実をいえばよく知らない。元来お互いに名前で呼び合っている世界なので、なくても別に困らない。

名前は知っていても、日本語ではさらに敬称が必要だ。

たとえば大学の教え子たちは、わたしのことを黒田先生、あるいはただ先生と呼ぶ。なかには教授と呼ぶ者もいる。大学の教員がみんな教授だと信じているらしい。わたしは教授ではないので、それはやめさせる。そうすると明らかに不満そうな顔をする。非常勤講師なんてバイトなんだよというと、さらに失望する。

先生と呼ばせてはいるものの、それを許すのは、学生が単位を取り終わるまで。ちゃんと単位を取り終わったのに、それでもわたしの周りをウロチョロして、授業中にプリントの配布を手伝ったり、放課後は飲みに行ったりしたい学生には、その「先生」もやめさせる。

代わりにオジサンと呼ばせたい。

そもそも学生たちとは、親子ほど年齢が違うのである。オジサンでも決しておかしくはない。だが学生たちはオジサンと呼ばない。というか、呼びにくいらしい。

そこでヂャーヂャдядяと呼ばせる。

ヂャーヂャはロシア語でオジサンという意味。すでに習ってもいない非常勤講師には、いつまでも先生なんて呼ばないで、ヂャーヂャにしなさい。

これはかなり定着して、最近ではすっかりヂャーヂャになった。ヂャーヂャと呼んでくれる学生は、リラックスしていろんなことを話してくれるから面白い。

だからといって、ラーメン屋の店員さんからヂャーヂャと呼ばれるのは、やはり勘弁願いたい。

(同、二〇一七年九月二六日付夕刊)

ヨーロッパの中華料理店には味噌ラーメンがない

62

もしものときの買物袋

ふだんから買物袋を持ち歩いている。べつにエコに対して意識が高いわけではない。不要なビニール袋をもらうのが嫌い。ただそれだけである。

買物袋は緑色で、帯状の持ち手がついた、防水加工の布製である。カバンに畳んで入れておき、必要となれば取り出して、なんでも放り込む。食料品が多いので、ときには水の滲み出ることもある。ひどいときには焼鳥の串がつき出ていて、膝のうえに置いたらチクチクして、やっと気づいた。

この買物袋、いいかげん古びてきたので捨てたいのだが、それがなんとなくできない。海外へ持っていき、とことん使ってから処分しようと計画したが、結局また持って帰ってしまった。以来、洗濯をくり返しながら、使い続けている。

ロシアにも買物袋はある。一時は厚手のビニール袋が主流だったが、伝統的なのは紐製だ。日本では昭和の漫画なんかでスイカを運ぶときに使っているのを見かけるが、ロシアではリンゴもたまねぎもジャガイモも、空き瓶でも、場合によっては本すら入れる。アヴォースィカавоськаというが、ロシア語のアヴォースィaвосьは「ことによると、ひょっとしたら、もしかしたら」という意味の助詞だから、「もしか袋」とでも訳せばいいのか。ちなみに、わたしは残念ながら持ち合わせていない。

旧ソ連時代は商店に品物のないことが多かった。なにか見つけたら、すぐに使う予定はなくても、差し当たり買っておく。それが生活の知恵だった。そのためには常に準備が必要で、買物袋はもちろん必需品。紐製のもしか袋は、布製以上に軽くてコンパクトだから、さぞかし重宝したことだろう。

そんな背景が思い浮かぶので、もしか袋は行列のイメージと結びついてしまう。物資が少なければ、買物の際はどうしても行列となる。かつて、行列は旧ソ連の国民的スポーツとさえ、皮肉られていた。

大学生から大学院生のころ、通訳として旧ソ連に日本人観光客を連れてよく出かけたが、地元の人々の行列を見る日本人が、妙な優越感を持つことが気になった。とくに一九九〇年代初頭にマクドナルドがモスクワに出店したとき、ハンバーガーを求める市民の長蛇の列を眺めながら、自分たちがいつでもハンバーガーが食べられることを自慢げに語る日本人がいて、嫌だった。

そもそも、物見高く行列に並ぶ人の姿は、東京でも毎日のように目にする。ラーメン、焼き肉、メロンパンなど、他でいくらでも手に入りそうなものなのに、何かの理由で評判となったのか、あるいは特別な思い入れでもあるのか、何時間でもじっと待っている。旧ソ連市民ほどの切実さもない。まあ、個人の好みなので、それはどうぞご勝手に。

一方で情報に疎く、一般的な評判とは縁遠いわたしは、物との出合いがいまだに一期一会である。だからこそ、もしか袋が欠かせない。

もしかしたら、今日こそは長年捜し求めていたあの本に出合えるんじゃないか。ひょっとしたら、どこかでシャンプーの特売があるかもしれない。いやいや、その前に夕食のお惣菜だ。

そんなとき、もしか袋ではないにしても、カバンの中に買物袋があると、不思議と安心するのである。

（同、二〇一七年一〇月三日付夕刊）

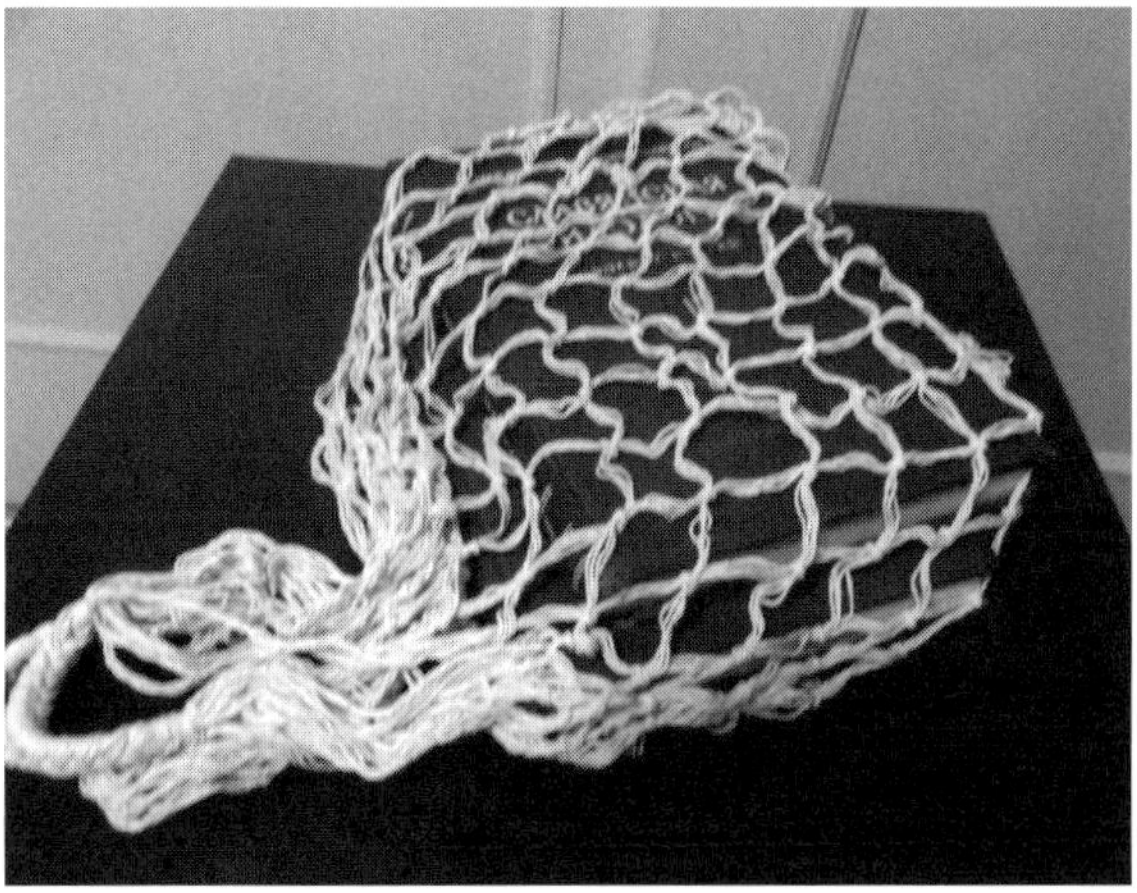

後にモスクワへ行く人に買ってきてもらった「もしか袋」

コロッケ・メンチ研究

デパ地下よりも商店街が好きで、JRや地下鉄を乗り継いでわざわざ買いに出かける。お目当ては惣菜。なかでもコロッケやメンチには目がない。

東京二十三区内をくまなく歩くことを目指し、時間があればカミさんとあちこちフラフラしているが、途中で商店街を見つければ、コロッケやメンチを買い求める。惣菜屋さんよりも、肉屋さんのものが好みだ。

板橋区にある某商店街では、いつも決まった肉屋さんで、コロッケ三つとメンチ一つを買う。店主のおじさんが、わたしの注文するコロッケ三つを、トングで一息にすくい上げる。その鮮やかなお手並みに感心しつつ、おじさんがずっと元気でいてほしいと、心から願う。

この店はとくにコロッケがおいしい。長年の経験によれば、コロッケとメンチが同じくらいおいしい店はめったにない。コロッケのおいしい店は、メンチがちょっとしつこい。メンチがおいしい店は、コロッケがあっさりしすぎている。

その例外ともいえる、コロッケとメンチの両方がおいしい店が杉並区の某商店街にあるが、その代わりお値段がすこし高めである。ケチなことをいうようだが、コロッケやメンチは一つ百円以下で勝負してもらいたい。そうなると、どの店も一長一短で、おかげであちこち巡る甲斐もある。

ヨーロッパでも同じである。最近は台所つきの短期滞在者用マンションを借りるので、食料品を買うことが増えた。惣菜を買ってきて温めたり、簡単なものなら自分たちで調理したりする。

惣菜を買うようになって気づいたのだが、外国でコロッケに出合ったことがない。ジャガイモなんてどの国にもあるのに、それを茹でて、潰して、丸めて、パン粉をつけて揚げるという発想がないのか。

一方、チェコにはブランボラークbramborákというジャガイモのクレープがある。ジャガイモを粗く摩り下ろし、小麦粉と混ぜ、スパイスを加えて平たく焼いたものだが、こちらは日本でお目にかかったことがない。材料はすべて揃っていても、何を作るかは所によって違うらしい。

メンチはどうか。チェコにはカルバナーテクkarbanátekというものがある。挽肉を丸めて揚げたものだから、日本のメンチに近い。

だがカルバナーテクは作り方がいろいろあるようだ。まず揚げるときに、パン粉をつけたりつけなかったりする。さらに揚げるだけでなく、焼くこともある。そうなるとハンバーグに近い。結果として、かなり違った惣菜が、すべてカルバナーテクでまとめられることになる。

言語にも似たようなところがある。同じことばを話しているつもりでも、発音には地域差があるから、完全に同じではない。それでもお互い通じ合っている。焼いても揚げても、カルバナーテクはカルバナーテク。同じ発想ではないか。

そもそも言語と料理は似ているのかもしれない。同じ母音や子音を使っても、でき上がる単語がさまざまなように、同じ食材を使っても、でき上がる料理は地域ごとに違う。それに加えて個人差があるから、ブランボラークもコロッケも、店ごとに味が違う。

そんな違いが楽しいから、わたしは今日も商店街を目指す。

（同、二〇一七年一〇月一〇日付夕刊）

ブランボラークはビールとよく合う

水筒から飲む瞬間

このエッセイが掲載される火曜日は、大学の出講日である。言語学の講義を一五〇人相手に、二コマ計三時間やっている。マイクは使っているものの、毎回ヘトヘトで、何よりも喉が渇く。

そこで自宅から水筒を用意していく。中には冷えた水に、氷が二、三個。カバンの中で、氷がカランコロンと音を立てる。

飲み物を持ち歩く人は珍しくないが、多数派はペットボトルだろう。ところがわたしは、ペットボトルが信用できない。旧ソ連のペットボトルは質が悪く、下手をすると中身が漏れることがあった。これがトラウマとなっているのだ。ペットボトルをトートバッグの中に逆さまに突っ込んで、平気でいられるのが信じられない。

愛用の水筒は高さ二二センチで細身、コーティングはほとんど剥げてしまったが、それでも捨てる気になれず、使い続けている。

水筒はペットボトルと違い、中身が見えない。それが授業中に、学生たちのさまざまな推測を呼ぶ。

わたしの授業では、講義内容に基づき、最後の三〇分を使って受講生に論述をしてもらう。ただし大学入試の小論文みたいな、小賢しい文体は嫌いなので、もっと柔らかく、自分のことばで、表現力豊かに書くよう指導する。固くなりそうだったら、「黒田先生、こんにちは」からはじめてみよう。冒頭の数行は無駄なことを書いて、文体が滑らかになったところで、本論に進むといい。そんなふうに伝えると、学生は生き生きと文章を書き出す。

リラックスした学生からは、質問も飛び出す。もっとも多いのは、「水筒の中身は何ですか」。何を飲んでいるのか、気になるらしい。

ふつうの水です。わたしは正直に答える。嘘を吐いてもはじまらない。

ところが不思議なことに、学生はそれを信じない。本当はハーブティーだとか、エナジードリンクだとか、あるいは免疫力が高まる特殊な水だとか、勝手な憶測が飛び交う。

言語学にはインフェレンスinferenceという考え方がある。推論とか推移と訳される。人はある発言を聞けば、そこから何かを推測する。だが、発言を文字どおりに受け取るとは、限らない。怪我をしている人が「大丈夫です」というのは、心配させまいとしているからだと推論し、本当は大丈夫じゃないと理解する。

そのため「水筒の中身はお酒ではありません」といえば、笑いが起こる。そんなことを、わざわざいうのはヘンじゃないか。むしろ実際にはお酒が入っていることを、暗に示しているようなもの。そう推論するから、笑ってしまうのである。

ただし、いつでも疑り深いわけではない。

「黒田先生が水筒から何かを飲むのは、どのようなタイミングなのでしょうか」

本当は、喉の渇きを感じたから飲むだけのことなのだが、ちょっと捻って答えてみた。

それはね、大切な話の前、たとえば学期末のレポートのヒントになるような話の前に、呼吸を整えるために、喉を潤すんだよ。

それ以来、わたしが水筒から水を飲みだすと、学生は慌ててペンを握り、ノートをとるため身構えるようになった。水筒の中身は信じなくても、学期末レポートは信じているらしい。

（同、二〇一七年一〇月一七日付夕刊）

現役の水筒は三代目、中身はもちろん水

旧体制のジャケット？

ファッションになんか、まったく気を使っていないように見えるかもしれない。確かにブランドには興味がないし、お金もかけない。それでも、自分なりの方針はある。

たとえば、ブルージーンズは穿かない。あれは若者の文化だと信じているので、三〇歳の誕生日に、すべて処分した。

シャツは、襟のついたものを必ず着る。Tシャツだけの中年男は、下着姿と同じ。

短パンで外出しない。いい年をした大人の男が、毛脛を出して歩いているのは、見苦しい。

他人がどんな格好をしようと構わないが、自分にはこのような一定の制限をかけているのである。

だがそんな細かい気配りも、人はほとんど気づいてくれない。それどころか、キチンとした服装の多い大学では、ひとりファンキーな恰好のヘンな先生という評判が、どうやら定着しているらしい。

実際、服装はラフである。だが外国語教師は、ラフな格好のほうがいい。学習者に不慣れな外国語で会話の練習をさせるとき、相手に威圧感を与えるスーツ姿より、ラフなほうがよくはないか。

ラフとはいっても、夏の暑い盛りを除けば、基本的にはジャケットを着ている。だがそのジャケットも、当然ながらブランドでもなんでもなく、ファッションに詳しい学生から見れば、なんだか怪しいらしい。

海外に出かけても、現地で洋服を買うことはない。ただし観光地の土産物として、Tシャツくらいは買う。ブルガリアではキリル文字、クロアチアでは今や一般には使われなくなったグラゴール文字をデザインしたシャツを、資料だからと言い訳しながら買い求める。それくらい。

いや、違った。たった一回だが、四半世紀も前のプラハで、ジャケットを買ったことがある。ビロード革命まもない一九九二年の冬。チェコスロバキアは政治的には民主化したものの、首都には旧体制が至る所に残っていた。モスクワ経由でプラハの空港に到着したが、預けた荷物が待てど暮らせど出てこない。係員に問い合わせたところ、しばらくしてから「あなたは運がいい。ちゃんとモスクワにありました」。以来、荷物は預けないことにしている。

二日後にホテルまで届けてくれるというが、下着その他、衣類はすべて預けていたものだから、翌日から着るものに困ってしまう。

そこでバーツラフ広場にあるデパートへ行く。プラハは意外と寒く、手持ちの服だけではつらいので、ジャケット（チェコ語でサコ sako）くらいほしい。ちょうどバーゲン品のサコがあり、値段も手ごろ。グレーを基調にモスグリーンが加わった、落ち着いた色。すこし大きめだったが、すぐに買い求め、寒さを凌いだ。

このサコは、今でも洋服ダンスに掛っている。年齢を重ねるに連れて体型も変化し、今頃になってちょうどいい。全体的に草臥れてきたが、それでもたまに袖を通す。

それにしても、一体どこのメーカーか。あるいは往時の社会主義ブランドか。調べてみたところ、ブランドを示すロゴなどはないものの、内側に文字が縫いつけられていた。カナ表記すれば、次のようになる。

「マルクス」

体制が変わったばかりの国で、なんとも微妙なジャケットを買っていたのだった。

（同、二〇一七年一〇月二四日付夕刊）

最近ではあまり着ないジャケットだけど、ときどき陰干し

愛されるネクタイ

これでも若い頃は、もうすこしフォーマルな格好をしていた。とくにネクタイ。二〇代から、外国語講師として商社で教えたり、通訳として会議に出たり、たとえアルバイトであっても、それなりにきちんとした服装を要求されることが多かった。そういうとき、ネクタイは便利である。というか、年齢より若く見えてしまうため、ネクタイでもしなければ、一人前に扱ってもらえなかったのである。

父親がスーツとまったく縁のない服装の職業だったので、ネクタイの締め方を教えてくれたのは、近所の洋品店のお兄さんだった。ほかにも友だちから習ったり、雑誌で読んで覚えたりした。教え子でも、父親と縁の薄い学生には、ネクタイの結び方を教えたこともある。

ネクタイは好きだった。気に入ったものは自分で買ったが、それ以外にも、よくプレゼントされた。

通訳として団体旅行に同行していると、ツアーが終わる頃、親しくなったお客さんから、何か贈り物がしたいといわれることがあった。そういうときは、ネクタイをリクエストする。ネクタイなら、それほど高価でないものもあるし、何本あっても困らない。もちろん、趣味の合わないものを贈られることもあって、そういうときはちょっと困ったが、贈り主に会うとき以外は締めなければいいわけで、それほど心の負担にもならない。

フランス語でネクタイのことをクラバトcravateというが、一説によれば、その語源はクロアチア語らしい。フランス王ルイ十四世が、首に布を巻いたクロアチア出身の兵士を見て、その布をクロアチア人という意味のクラバトと呼んだのが、始まりという。

これを意識してか、クロアチアの首都ザグレブには、あちこちにネクタイ店がある。すでに一般には使われないグラゴール文字をデザインしたネクタイもあって、ちょっと欲しいなと思ったが、値段が結構するし、何よりも最近はネクタイをほとんどしないので、諦めた。

昔のネクタイは、今でも何本か残っている。すでに流行遅れだし、この先も締めることはなさそうだが、なんとなく捨てられない。

カー（ベトナム語で魚のこと）という渾名の大学四年生が、就活を始めるといい出した。それまでは、やる気が起きなかったくせに、どういう心境の変化か、興味のある会社と連絡をとり、急に面接へ出かけることになった。ところが、ネクタイを持ってないという。だったら、わたしのを貸してやろうか。

「えっ、いいんですか」

まあ、古いネクタイだけどね。でもさ、考えてごらん。隙のない恰好で決めすぎると、面接担当のおじさんから、反感を買ったりしないかな。それよりも時代遅れのネクタイで、素朴な青年を演じたほうが、好印象を与えられるかもしれないよ。

素直なカーは、わたしからストライプのネクタイを借りていった。

もともとカーは愛想がいい。得意の喋りを活かせれば、水を得た魚。わたしは心配していなかった。

後日、カーが面接の報告に来た。ネクタイの効果はどうだった？

「話は盛り上がったんですが、相手は若い女性だったんで……」

そうなのだ。面接の担当者は今どき男性に限らない。わたしの頭はネクタイより古かった。

（同、二〇一七年一〇月三一日付夕刊）

旧ソ連で買い求めたネクタイには星がデザインされていた

献立表の文字

文字の汚い料理店はまずい。わたしが信じる法則である。

今どきなら、印刷のほうが圧倒的に多い。それでも、日替わりメニューなんかを店頭に示すときは、紙やボードに手書きで表す。その文字が汚いと、なんだかガッカリしてしまう。反対に美しい文字で、閉店のお知らせが貼り出されているのを目にすると、悲しみが深まる。

大学生の答案も同じだが、文字の上手・下手ときれい・汚いは違う。汚いというのは、なんというか、雑なのである。人に読んでもらおうという気持ちが感じられない。字が汚いと、答案は内容がいい加減だし、料理店は雑な調理なのだ。

料理店によっては、外国人が働いている。だから日本語を書くのが苦手だと、擁護する声もあるだろう。だが同じ漢字文化圏の店でも、ひどい字でその日の定食を書き出しているのを見ると、軽く失望する。

文字は形だけでなく、そのバランスも大切にしたい。

豚肉とモヤ
シ炒め定食

文字の数を揃えたいのだろうが、日本語表現も合わせて微妙である。

日本語が苦手ならば学べばいい。

近くにテイクアウトのできるカレー屋があって、ときどき利用している。ここにはナンがあるから嬉しい。インド料理も身近になった。

お持ち帰りは少しだけ時間がかかる。注文をして店の前で待つ。テイクアウト用の窓口のそばに、小さな黒板があり、いつも日替わりメニューが書かれる。

ある日、いつものように注文して待っていたのだが、黒板にはまだ何も書いてなかった。そこへ、中から店のスタッフらしき、見るからに風貌の違う青年が一人出てきた。彼は紙とペンを持っていて、突然わたしに話しかけてくる。

「カリフラワー・アンド・チキン」

いきなりの英語で一瞬戸惑う。彼は同じセリフをくり返す。落ち着いて考えてみて、ようやく分かった。日本語で「カリフラワーとチキン」と書いてほしいのである。

理由は簡単、黒板に日替わりメニューを書きたいのだ。

そういえば、この店のスタッフに日本人はいない。注文を受ける男性はそれなりに流暢な日本語を話すが、書くとなればまた別のこと。この黒板にはこれまでにも、メニューが英語で書かれていることがあった。

だったらお安い御用。ペンと紙を受け取り、青年に英語で説明しながら書いてみせる。「いいですか、これが『カリフラワー』で、最後は横に伸ばします。それから次の『と』はアンドの意味だから、二行に分けて書くなら、この前か後ろで切る。最後は『チキン』。OK?」

美しい筆記体でしかも英語、このレストランはきっと高い（ただしスペルはビミョー）

相手がどこまで英語が分かるか。少し不安だったが、彼は神妙な顔つきで、わたしの書いた文字を見つめていた。わたしも丁寧に文字を書いた。この紙片をもとに後で写すわけだから、分かりやすくしなければ。

注文したカレーとナンができたので、受け取って店を後にする。その後どうなったかなんて、すっかり忘れていた。

先日、その店の前を通りかかったとき、例の黒板に日本語の文字を見つけた。

「カリフラワーとチキン」

しかもその筆跡が、わたしとそっくりなのである。

（同、二〇一七年一一月七日付夕刊）

メガネをなくさない

五〇歳の誕生日を機にメガネを作ってから、三年が過ぎた。

つまりは老眼である。四〇代の終わりから、小さな文字を読むときに目を細めたり、距離を調整したりするようになり、潮時を悟った。

近所の老舗メガネ店へ赴く。まずは検眼ということで、あれこれ調べられ、レンズを調整していく。するとそれまでボケていた文字が、くっきり浮かんでくるではないか！

実をいえば、メガネは小学生からかけていた。健康診断で視力の弱いことが判明し、心配した母親がわたしを病院に連れて行った。検査の結果、遠視だとわかった。

そこでメガネを作ることになった。いろんなレンズをとっかえひっかえ装着され、そのたびに検査される。だが正直なところ、どのレンズもイマイチ焦点が合わない。

はっきり見えません。まだボケています。さっきより悪いです。

わたしは正直にいうのだが、検眼医はそんなハズがないと、だんだん機嫌が悪くなる。仕方ないので、適当なところで手を打って、そのレンズでメガネを作った。わたしの人生は妥協の連続である。どうせピントの合わないメガネだし、視力が弱いのは片目だけなので、あまりかけないで済ませていたら、いつしか紛失してしまった。

それが今回は、妥協なしでくっきり見えるメガネなのである。感動して当然ではないか。ただし、焦点が合うのは本や新聞を読むときだけ。歩いているときは、風景がボケるので、ふだんはカバンに入れて持ち歩いている。もちろん、海外でも。

メガネを意味する単語は、英語でもグラーシズglassesのように、複数形がふつうである。これはわたしがつき合っているスラブ圏でも同じ。他にもズボンやハサミなど、ペアを為すものは複数名詞とされる。

だがスラブ系言語には本来、単数でも複数でもない、両数という二だけを示す数カテゴリーがあった。現在では多くの言語で失われてしまったが、スロベニア語は今でも両数を使う。だとしたら、スロベニア語のメガネは両数名詞なのか。

ところが調べてみれば、スロベニア語でメガネを意味するオチャーラočalaは、複数名詞であった。

両数はあっても、両数名詞というのは、たとえペアであっても存在しない。これだから外国語は難しい。

新しいメガネは、実はけっこう高価である。複数どころか、予備に両数作っておくのも憚られる。カミさんからは、なくしたらタダではおかないと脅される。紛失しないよう、日頃から細心の注意を払う。

とくに気をつけなければならないのが、呑み屋である。酔ってうっかり置き忘れたら、取り返しがつかない。そこで最初にメガネをかけて、メニューを読み、あとはケースに大切に仕舞って、二度と出さない。

だが、そうもいかないことがある。

若い大学教師たちと飲んでいたときのこと。初対面ながら、楽しくなってビールも進み、目もだいぶ掠れてきた。そのとき、一人が突然に拙著を取り出す。

「実は学生時代から、黒田先生の本を読んでいました。是非ともサインをください！」

わたしは慌ててカバンを引き寄せ、奥に仕舞ったメガネを再び引っ張り出す。サインしながらも、酔った頭の中では、メガネをなくさないことばかり考えていた。

（同、二〇一七年一一月一四日付夕刊）

絶対なくしてはいけないメガネ

美しいオープンサンド

商店街を散策するとき、コロッケと同じくらいチェックするのが、卵サンドである。

日本文化にはパンがすっかり馴染んでおり、古くからの商店街には大抵パン屋さんがある。あんパンとかカレーパンとか、日本オリジナルな惣菜パンがいろいろ並ぶ。

サンドイッチも見逃せない。定番のハムやチーズのほかに、卵サンドも広く普及している。しかもなかなか個性的で、店ごとに味の違いが際立つ。茹で卵を刻んでマヨネーズと和えたものが主流だが、オムレツ風のこともある。

わたしが気に入っているのは、江東区の某商店街にあるパン屋さんの卵サンドだ。コロコロと太ったおじさんが、これまた丸みを帯びた手で渡してくれる。余談だが、サンドイッチは酒のつまみによい。

日本ならどこにでもあるサンドイッチだが、わたしが通う旧ソ連・東欧では、少なくとも二〇年前くらいまではほとんど見かけなかった。海外ではイギリスで初めて見つけて、感動した。サンドイッチ発祥の地なのだから、当たり前なのだが。

東欧のあちこちで語学研修を受けているとき、あることに気づいた。学食で食事をしていると、とくにドイツ人は、パンにおかずを挟んで食べる。円みを帯びたパンだと、わざわざナイフで切り込みを入れて、そこに挟む。それほどまでして、サンドイッチにするのである。

それだけではない。パン屋で観察してみれば、慣れている人は店員に注文して、パンにハムやチーズを挟んでもらう。その場で作ってもらえるから、店頭にはサンドイッチが並ばないのだ。謎が解けた。

サンドイッチとは少し違うが、チェコにはフレビーチェクchlebíčekというものがある。一口大に切った薄切りパンのうえに具材を載せたもので、オープンサンドやカナッペに近い。

チェコのフレビーチェクは、見た目が美しい。ハムやチーズやトマトや茹で卵の輪切りが、それは美しく飾られており、どれにしようか、いつも迷ってしまう。

注文の仕方にはコツがある。最初にいくつ買うか総数を告げること。店員はそれに合わせて紙皿を選び、そのうえに注文品を取り分ける。フレビーチェクはガラスケースの中に並んでいるので、ほしいものを伝えるのが案外難しい。名称の表示がないことも多く、指で指しながら、それじゃなくて隣です、などと交渉する。選び終わると、店員は紙皿に包装紙をふわりと掛ける。おかげで形が崩れずに持ち帰れる。

地方都市オロモウツの大学へ講演に出かけたときのこと。ある晩、日本語専攻三年生を何人か連れて飲みに行ったとき、どんなチェコ料理が好きかと尋ねられたので、フレビーチェクと答えた。うちのカミさんも大好きなんだよ。チェコ人学生たちは、あまりにも当たり前のものだからか、意外そうな顔をしていた。

翌日、講演を無事に終えてホッとしていると、昨晩の学生たちがプレゼントを渡したいという。受け取ってみれば、わたしの好きなリースリングワインと、なんとフレビーチェク！　奥様によろしくといいながら、みんなニヤニヤしている。もちろん日本には持ち帰れない。

わたしは部屋に戻り、宝石のように美しいフレビーチェクを写真に納めてから、昼食としていただいた。

（同、二〇一七年一一月二一日付夕刊）

学生たちがプレゼントしてくれたフレビーチェク

携帯電話のないドラマ

家でテレビが観られなくなってから、もう何年が経過したことか。いわゆる地デジ化への対応を怠ったためで、狭い部屋には無駄な「箱」が場所を占める。

だが映像と無縁になったわけではない。むしろDVDはポータブルプレーヤーのおかげもあり、以前よりも積極的に観るようになった。

ここ数年、海外に出かけるたびにDVDを買い込んでいる。なかでもチェコ製のDVDには、耳の不自由な人のためにチェコ語字幕が付いているので助かる。チェコ語に限らず、外国語学習者にとって字幕はありがたい。

かつては映画、それもコメディーばかりを観ていたが、最近はすこし傾向が変わり、連続ドラマが増えてきた。それも旧チェコスロバキア社会主義共和国時代、一九七〇〜八〇年代のドラマである。ドラマは映画より難しい。映画は単発物だから二時間くらいですべて解決するが、連続ドラマは物語全体の長さが違う。たとえ一話完結であっても、人間関係を押さえなければ、ストーリーが見えない。

ドラマの人気ジャンルといえば、コメディー（シットコム）を除くとやはり学校、医療、そして刑事ものである。わたしとカミさんのお気に入りは、『大きな街の小さな事件簿』という一話完結の刑事ドラマだ。一九八二年に第一シーズンが、続いて一九八六年に第二シーズンが放映された。全部で一六話、それほどの大作ではない。

社会主義国でも刑事ドラマは変わらない。殺人、強盗、麻薬、行方不明、どんな事件にも刑事たちは熱心に取り組み、最後には解決する。もちろん細部は違う。

『大きな街の小さな事件簿』の舞台は首都プラハ。刑事課のメンバーは課長の元に四名の警部補。年配で穏やかなペカシュ、地道なリボル、威勢のいいカミル、そしてまだ若いイジーである。日本の刑事ドラマからすれば、最年少の警部補に焦点が当てられそうな気がするが、そういうことはなく、毎回四人のうち一人が中心となって物語が展開していく。捜査対象はさまざまだが、たとえ殺人犯を追うときでも、『太陽にほえろ！』のような派手なアクションはない。どの警部補も地味だが緻密で、もつれた糸を解くように、一つ一つ詰めていく。

わたしがカッコいいと憧れるのは、最年長のペカシュ警部補である。六〇歳近くで太めな体型、黒縁の大きなメガネの奥には優しい目、いつも穏やかに笑っている。服装も上下揃いのスーツではなく、グレーのカーディガン姿。わたしも真似して、室内ではグレーのカーディガンを羽織っている。

最近の刑事ドラマが馴染めないのは、たとえば服装が決まり過ぎているからかもしれない。加えて、首から下げるＩＤカードが苦手だ。

さらには携帯電話。あれが謎解きの面白さを半減させる。携帯電話はチェコ語でもモビルmobilあるいはモビテルmobitelといい、要するにモバイルで、何の工夫もない。あんなものなくたって、ペカシュ警部補はもちろん、コロンボもポワロも、事件を見事に解決したではないか。もっとも最近はＩＴ機器を駆使するホームズもいるそうで、新しいドラマに馴染めない理由は、この辺りにあるようだ。

携帯電話のない世界を懐かしむわたしには、もはやテレビは不要なのである。

（同、二〇一七年一一月二八日付夕刊）

DVD『大きな街の小さな事件簿』

平和のスプリッツァ

わたしのビール好きは周囲でつとに有名である。はじめだけビールにつき合い、その後は日本酒など別のアルコールに替える人が圧倒的に多い中、わたしは最初から最後までビールを飲むのが基本だ。ビール以外は受け付けないというわけではない。家ではスパークリングワインを飲む。翌日に大学の授業がなければ、カミさんと二人で一本空けるのが習慣となって久しい。

ハイボールも飲む。ビールがたいして美味しくない店では、ハイボールに替えることが増えた。最近はどこの店にもハイボールがあるから便利である。

要するに、炭酸水が好きなのだ。

ヨーロッパ滞在中は、日本のように水道水が飲めないので、ペットボトル入りの水を購入するが、大抵は炭酸水だ。スーパーに行けば炭酸水の種類が日本よりはるかに多く、大きなボトルでも安く買えて嬉しい。

「炭酸」はロシア語をはじめ多くのヨーロッパ諸語で、「ガス入りの」を意味する形容詞で表す。なんだか可愛げがないが、チェコ語では「真珠の」という形容詞を使い、ちょっと洒落ている。これに「繊細な」を加えれば微炭酸水となる。繊細な真珠の水なんて、何やら美酒のようだが、ノンアルコールである。

炭酸水でワイン、とくに白ワインを割ったものをスプリッツァSpritzerという。日本でも見かけることがある。カミさんが好きで、ときどき注文している。わたしは注文こそしないが、嫌いではない。家で安い白ワインを飲むときに、炭酸水を入れると気分が変わる。

このような飲み方は、ワインを愛する人からすれば邪道中の邪道であり、バカにされることを覚悟しなければならない。そもそも白ワインを好むことからして、分かってない輩という烙印が押される。だが気にしない。自分が金を払って飲んでいるのだから、白だろうが赤だろうが、炭酸水を入れようが、大きなお世話である。人の意見に左右されているうちは、ワインなんて飲めない。

旧ユーゴスラビア映画に『三人でスプリッツァ』というのがあった。アメリカ人女性と二人のユーゴ人男性が織りなす恋愛ドラマで、まさにスプリッツァが相応しい、なんとも気の抜けた物語だが、カンヌ国際映画祭で受賞したためか、日本でも一九八〇年代に公開された。当時セルビア語を学習中だったわたしは、深夜に放送されたときにビデオに録画し、日本語字幕を見ながらその音に耳を傾けた。

久しぶりにその映画が見たいと思ったのだが、どうやら日本では一時ビデオ化されたものの、DVDにはならなかったらしい。そこでセルビアの首都ベオグラードで買い求め、英語字幕付きで久しぶりに見たところ、その画像の悪さに驚いた。ユーゴ紛争の際に、原板が失われたためらしい。海外に紹介されるほどの映画が、そのような運命を辿っていたことがショックだった。

『三人でスプリッツァ』の原題は「何か中間なもの」。冷戦時代に西側陣営でも東側陣営でもなかった、中途半端な旧ユーゴスラビアを、ワインを炭酸水で割ったような曖昧さに譬えた。そういえばこの映画の言語は、半分がセルビア語で、半分が英語。それもまた中間的である。

平和とは、中途半端なものかもしれない。だとしたら、わたしはスプリッツァでいい。

（同、二〇一七年一二月五日付夕刊）

チェコの炭酸水は「繊細な真珠」

効きすぎたソ連の薬

ありがたいことに、病院にお世話になることがほとんどない。生まれてこのかた入院したことがないし、通院もごく限られている。

それでも薬を服用することはあり、常備薬がいくつか決まっている。

胃薬は同じものを飲み続けると効かなくなるようで、ときどき変えている。ここ一〇年くらいはごく弱めの粉薬を服用しているが、これが珍しいことに紙に包まれている。折り目を利用して口の中に移し、水で流し込む作業は、子どもの頃はとても難しかった。粉薬を飲めるのは、大人の証拠である。

一方、目薬は指で目を押し開いておかないと、いまだに差せない。目を開けたまま、器用に差している姿を見ると、正直羨ましい。こちらはまだ大人になれない。

頭痛薬とか風邪薬とか、旅行に備えてカバンに入れることはあっても、それほど頻繁に服用するわけではない。おそらく、同世代と比べても薬は少ないほうだろう。

唯一の例外はヘルペスの薬だ。

ヘルペス、すなわち帯状疱疹は、緊張が続いたり、ストレスが溜まったりすると、たちまち発疹してしまう。しかもその位置が、決まって鼻の下なのでカッコが悪い。もちろん痛い。だがどうにも仕方がない。発症するときは急なので、いつでも対処できるよう、小さなチューブ入りの塗り薬を持ち歩いている。

大学から大学院時代にかけて、通訳として旧ソ連にしばしば渡ったが、その際にヘルペスの出ることが多かった。楽しく働いているつもりでも、それなりにストレスを抱えていたようである。

ヘルペスはロシア語でゲールペスгерпесという。英語などのHの音は、ロシア語ではGに対応することが多い。ヒーローはゲローイгеройで、ホライズンはガリゾーントгоризонт。地名も同様で、プラーガПрагаがプラハであることはすぐに分かるけど、ガヴァーイГавайиがハワイになるなんて、事前に知っておかなければ、すぐには反応できない。

そのゲールペス、もといヘルペスを、ある夏ナホトカに滞在しているとき、ひどくこじらせてしまった。ロシア人たちが心配して、わたしを医務室に連れて行く。

ロシア人医師は、何か液体を脱脂綿に滲み込ませた。綿はロシア語でもヴァータというが、これは偶然の一致であって、語源的は関係ないんだよなあ。そんなことを考えていたら、医師はその脱脂綿をいきなり患部に押し当てた。

ものすごい痛みが走る。

どうやら患部を焼いているようだ。熱を持ち、ピリピリする。だがしばらくすると慣れてきた。しかもこれがすごく効いた。日本で治療するときの数倍のスピードで、ヘルペスはどんどん小さくなり、あっという間に完治したのである。

ソビエト医療はすばらしい。

だがちょっと怖くもあった。即効性はありがたいが、いくらなんでも効き過ぎではないか。病気は早く治したいけど、慌てるのもよろしくない。とくにヘルペスはストレスから発症するのだから、その原因を取り除くことのほうが肝心なはず。

今では以前ほど身体に無理が利かない。根を詰めるとヘルペスが出てしまうし、ソビエトの薬もない。そこで何事も余裕を持って、事前に済ませるよう心がけている。この連載の原稿も、早め早めに書き溜めながら、ここまで来た。

（同、二〇一七年一二月一二日付夕刊）

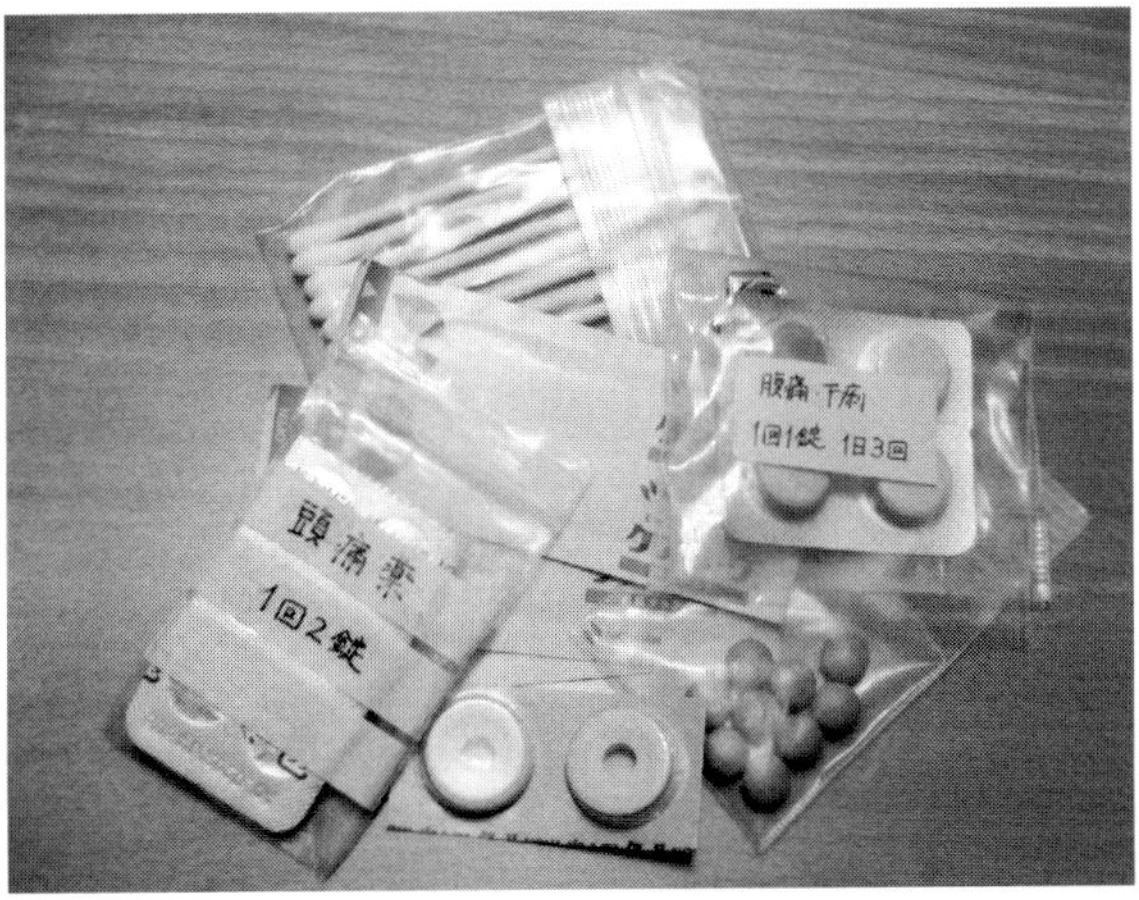

海外旅行に持って行く常備薬はこうやって小分けにする

長い長い小説のはなし

二〇一七年の前半は、トルストイの『アンナ・カレーニナ』をロシア語で読んでいた。

正確には前年の一二月三一日から読み始めた。何かと忙しい年末も、大晦日はさすがに暇となる。書棚を眺めれば、ソビエト時代のペーパーバック。なんとなく手に取って読みだせば、これがなかなか面白い。翌日の元旦も、さらに翌日も、気がつけば少しずつ読み進めるのが習慣となっていた。

読書は基本的に寝るまえだが、ときには帰りが遅くなったり、飲んでいたりすることもあり、そういうときは日中に時間を見つけて読んでおく。大切なのは毎日続けること。

ページ数は決めない。気が向けば一〇ページくらい読むけど、調子の悪いときは二ページで終わりということもある。ちょっとでもいいから、必ず読む。

『アンナ・カレーニナ』は描かれる世界が非常に幅広く、それに伴って語彙も豊富である。ただし舞台は一九世紀なので、現代では馴染みのない単語も多い。だからといって、読書の途中で辞書を引いてはいけない。何度も繰り返し登場するから、綴りまで覚えてしまったのに、それでも意味が摑めない単語だけ、後でこっそり調べる。シュヴェイツァールшвейцарが門番だなんて、はじめて知った。邦訳を読んだのは学生時代なので、細かい所は忘れている。それをロシア語で読むから、話の展開がまったく見えないことさえある。それでも先に進む。全部を理解しようなどと、大それたことを考えてはいけない。よく分からなかったら、将来また読めばいい。

毎日読んでいれば、いつか読了する。『アンナ・カレーニナ』は五月の半ばに、大いなる満足をもって読み終えた。

気をよくして、次の作品を探す。ところがロシア文学では、今のところ読みたい長編小説が他にない。

そこで範囲を広げ、英米文学なども考えたが、こちらもピンとこない。それよりフランス文学で、気になる作品がいくつかある。とくに読みたいのが、スタンダールの『赤と黒』なのだ。

だがフランス語にはあまり自信がない。そこでまず邦訳を読むことにする。二一世紀に入ってから出た新訳は非常に読みやすく、ゆっくり進めるつもりだったのに、あっという間に読了してしまった。嬉しい誤算である。

主人公ジュリアン・ソレルの野心的で屈折した性格は、現代にも通用する。わたしの身近でも、理論言語学を追いかけるような学生はこのタイプで、そこから美貌を引いたのが一般的である。周囲の人間を理解するのにも役立ってしまう小説だ。

やっぱりフランス語で読みたい。そうすれば、読了まで時間がかかるから、より深く理解できる。そこでフランス語版を入手した。今年の大晦日から読み始めようと、すでに決めている。

だがその前に、自分のフランス語が心配だ。単語集でも眺めるか。

ということで、ここ数カ月は準備運動のつもりで、仏単語集とにらめっこしている。基本的な単語もけっこう忘れていることに気づき、はたしてスタンダールが読めるのかと不安になる。だが気にしない。

外国語の読書は自分が楽しめればいいのだ。高得点を狙ったり、他人と競争したりする必要は、まったくない。来年に向けて、新しい習慣が始まろうとしている。

（同、二〇一七年一二月一九日付夕刊）

『アンナ・カレーニナ』はペーパーバックでも2巻本

そして夜は更ける

自覚はまったくないのだが、どうやら枕が好きらしい。

商店街の布団店とか、デパートの寝具コーナーを通りかかると、なぜか枕が気になって、近寄って眺めたり、さらには手に取ったりしてしまう。枕なんてもう家に二つも三つもあるよと、カミさんは笑うが、それでもやっぱり見てしまうのだ。

理想は頭寒足熱である。足熱はともかく、頭はいつでも冷やしておかないと、なんだか眠れない。そこでたとえ真冬であっても、アイス枕を用意する。専用の布製ケースに入れ、さらにタオルで巻き、枕の上に載せる。そうすると頭の位置が高くなりすぎるから、薄めの枕がほしい。ちょうどいい枕を、ふだんから無意識に探しているのか。

枕が変わると眠れないという表現があるが、わたしはそれほどではない。チェコ共和国の地方都市オロモウツの大学へ講演に出かけた際は、ホテルの枕が冷たくなくても、別に気にならなかった。チェコ滞在中、朝コーヒーを飲みながら全国紙を読んでいると、国語すなわちチェコ語について一般向けに紹介する連載記事を見つけた。間違えやすい綴り字や表現などと並び、目を引いたのは方言地図である。

方言地図とは地域方言、つまりことばの地理的変種の分布状況を地図上に示したものである。地図がいくつかの線で区切られたり、記号が付されたりしているので、ことばの地域差が一目瞭然だ。チェコ滞在中、この連載を楽しみに読んでいた。

ある日そこに「枕」の方言地図が紹介された。チェコ語では標準形のポルシュターシュpolštářのほか、東部のズフラヴェツzhlavec、東南部のペジナpeřinaなど、地域による違いのあることが、地図上の線や記号で示される。「枕」にこれほど地域差があろうとは。意外なことを知って、なんだか愉快な気分になった。

数日後、オロモウツではない別の大学のチェコ人教員たちと会食する機会があった。はじめは話が盛り上がらず、少々気づまりだったが、話題がチェコ語の方言となると、急に風向きが変わるのを感じた。

厳めしそうな学科長が、自分の奥さんの実家で、お姑さんのいう「枕」の方言が分からなくて困った話を、楽しそうにしてくれる。

いやはや、チェコ語は実に豊かですな。

チェコだけではない。地域方言の話はどこでも盛り上がる。誰もが自分の経験を競って披露して、最後は必ず、いやはや、わたしたちの国語は実に豊かですな。

方言だけではない。ことばの話は、みんな大好きなのである。

キッカケは身近なもの。

「ものが語る」という物語。

毎日捲るカレンダー、カバンに忍ばせる折り畳み傘、手放せなくなったメガネ。わたしたちは朝から晩まで一日中、実にさまざまなものに接している。その一つ一つが語る、ことばの話題を、外国語を交えながら綴ってきた。ことばをものから切り離す、人間を忘れた理論言語学への、ささやかな抵抗のつもりである。

さあ今夜も寝る時間となった。読みかけの長編小説を閉じ、いつもの枕にアイス枕を重ね、頭を冷やしながら眠りにつくとしよう。明日は久しぶりに早いのだ。

隣の部屋では、目覚まし時計のチェコ太郎が、元気に時を刻んでいる。

（同、二〇一七年一二月二六日付夕刊）

ポーランドの枕と中東のクッションで、今夜の夢も外国語

第ii章

捨てられない外国語

レシートの「ありがとう」

「レシートはご利用ですか？」

数年前、この表現を喫茶店のレジで初めて耳にしたとき、実は内心、非常に戸惑った。

ご利用って、どういう意味？

毎年の確定申告で、必要経費として計上するため使うかどうかを尋ねているのか。う〜ん、打ち合わせならともかく、ひとりでネタを考えながらコーヒーを飲んでいただけだから、必要経費にはならないんじゃないかな……。

いやいや、この店員がわたしの確定申告なんて知るはずない。

だったらレシートはどうやって「ご利用」すればいいのか。

裏に何かメモする。

細く丸めて耳掃除をしたり、あるいは鼻の穴に……。

余計な想像をめぐらすものだから、「ご入り用」のつもりなのだと推測できたのは、喫茶店を出たあとだった。

慣れない単語が使いこなせないのは、外国語も日本語も変わらない。「ご入り用」なんて単語を使う人は限られている。店主が無理に使わせようとしても、店員は自分の知っているもので代用してしまう。赤い靴履いてた女の子が、異人さんではなく「曾爺さん」や「ニンジンさん」に連れられて行ってしまうのと、同じ原理である。

いくら「ご入り用」が正しくても、ここまで広まってしまえば訂正は難しい。ここ数カ月、レジで勘定を払うたびに耳を澄ませてみるのだが、まず間違いなく「ご利用」するかと尋ねてくる。一人では抵抗もできない。言語は社会的な存在なのだ。

そのレシートだが、利用はともかく、なるべく受け取ることにしている。

レジ袋が増えるのがイヤで、もらわないように努めているのだが、包んでいない商品を持って他所の店に行き、誤解されては困る。そういう場合に備えて、レシートは取っておくほうがいいだろう。結果として家に持ち帰ることになり、なんとなく捨てないから、だんだん溜まってしまう。それが煩わしいから、店側もご利用かと尋ね、不要な人には渡さないというオモテナシをするのかも。

だがそもそも、レシートの授受は義務ではないのか。

スロベニアの首都リュブリャーナで買物をしたときのこと。デザインのよいバースデーカードを見つけ、カウンターに持っていくと、店員の女性はちょっと困った顔をして、レシートの紙が切れてしまったと説明した。こちらは特に必要ないと答えたのだが、彼女によればレシートを渡すのは店の義務であり、同時に受け取るのが買う側の義務だという。レシートなしでお売りしてもいいが、それは法律を犯すことになり、あなたにはその覚悟があるかと尋ねるのだ。

そんな大袈裟な、街中で警官からレシートの提示を求められるなんて聞いたことがない。覚悟なんてさらさらないが、とにかくそのバースデーカードはレシートなしで購入した。ところがそんなことをいわれるとなんだか不安になり、おかげでホテルに戻るまでそわそわして内心落ち着かなかった。

それ以来、なるべくレシートを受け取ることにしている。

財布のなかに溜まったレシート。ふと気になってよく読んでみれば、これがなかなか面白い。店名はもちろん、正確な商品名も分かる。さらに外国のものだったら「お買い上げありがとうございました」の意味で、フランス語ならMerci pour votre achat、スロベニア語ではHvala za nakupと印刷されていて、それがなんだか嬉しい。外国語を楽しむ者にとっては、レシートも充分に魅力的。文字さえあれば、語学はそこから始まるのである。

こんな感じで、紙がどんどん増える。

世の中は「断捨離」ブームで、余計な物は所持せず、シンプルな生活を送ることに憧れる人が増えているらしい。ところがネット空間が信用できず、紙の断片にある外国語のほうに惹かれるわたしは、その正反対の道を進んでいる。長い時間をかけて集めたり溜まったりした紙が、ときには語学書にはない、生き生きとしたことばを伝えてくれるのではないか。そんな期待がどこかにあるのかもしれない。

そんな「捨てられない紙」の話を、外国語学習者のために綴っていこう。フランスだけでなく、広くヨーロッパの紙事情と言語事情を紹介していく。つぎにあなたが海外へ出かけるとき、もしかしたらレシートが宝物になるかもしれませんよ。

違法覚悟(?)で購入したスロベニアのバースデーカード

一九六四年のカレンダー

自宅のあちこちに外国製のカレンダーが飾ってある話は、すでに書いた。年末になれば、都内の洋書店を何軒もまわり、輸入カレンダーをいくつも買い集めるのは、相変わらずだ。カレンダーの寿命は短い。一年が過ぎれば任務を終え、あとは使いようもない。それなのに、気に入ったカレンダーが捨てられない。

たとえば二〇一六年のスロベニア料理カレンダー。前年の秋に現地を訪れた際に買い求めたのだが、写真に写った郷土料理が実においしそうなのだ。料理本は各地で買い集めるようにしているが、以前に買ったスロベニア料理本と比べても、このカレンダーのほうがいい。そもそもスロベニア料理に関する情報は限られている。古いカレンダーだって、立派な資料ではないか。

こういう発想だから、紙が溜まってしまうのである。

ドイツ製のザントマン・カレンダーも捨てられない。ザントマンとはドイツなどの民話に出てくる睡魔で、砂を撒いて相手を眠らせるため「砂男」とも呼ばれる。かつてこの民間伝承をヒントにしたテレビアニメーションが東ドイツにあり、映画『グッバイ・レーニン』にもほんの一瞬だが出てくる。気に入って、ＤＶＤで全巻揃えたのに、それでもカレンダーが捨てられない。

料理にせよアニメーションにせよ、カレンダーは写真が大きいから嬉しい。

そればかりではない。スロベニア料理カレンダーは、月の名称がjanuar, februar, marecといったラテン起源の他に、ふだんはあまり使わないprosinec, svečan, sušecといったスラブ起源の名称も書いてあるので、知識が増える。そういえば日本のカレンダーにも睦月、如月、弥生と書き添えているものがあるではないか。いずれも趣があってよろしい。

カレンダーは意外と多言語である。二〇一九年に飾っていたドイツ製のカレンダーは、月名や曜日名が英語、フランス語、スペイン語、イタリア語、ポルトガル語、ロシア語、日本語、ドイツ語で表記されていた。ヨーロッパの諸言語、とくにロマンス諸語は互いに似ているから、月や曜日の名称なんて一つあれば類推できるのに、それでも多言語を貫く。嬉しいではないか。

とはいえ、どんなに有益な情報が載っていても、料理本やＤＶＤに比べれば、カレンダーは圧倒的に場所を取る。

その点、場所を取らなくて助かるのはミニカレンダーである。手帳に挟むカード型のカレンダーは、なぜか旧ソ連でよくお目にかかり、通訳などで現地を訪れるとあちこちでもらった。今でも何枚か残っている。

先日、ゼミ生ペルシクからカード型のミニカレンダーをもらった。いまどき珍しいと思ったら、年号は一九六四年とある。

「確か、ヂャーヂャ（注・黒田のこと）が生まれた年でしたよね。先日、チェコ・フェスがあって行ってきたんですが、社会主義時代の小物の中から見つけました」

なるほど、いまではこういう古いものが売買されているのか。おそらく、社会主義レトロブームの影響だろう。

「買おうと決めたのには、もう一つ理由があって、それはデザインなんです。ほら、さまざまなロゴで、いろんな言語がデザインされているでしょ」

確かに、そこには次のような外国語の単語が並んでいた。

ПРАВДА
NEUES DEUTSCHLAND
Trybuna Ludu
l'Humanité

右からロシア語、ドイツ語、ポーランド語、フランス語で、どれも当時の社会党や共産党の機関紙である。そばにはチェコ語で「外国の新聞は世界への窓」とあり、少々偏った世界に開いている気がしないでもないが、いろんな外国語が並んでいるところに目をつけるとは、さすが我がゼミ生である。

改めてミニカレンダーを眺める。単色の印刷だが、日曜日と祝日は太字になっている。一〇月二八日が独立記念日というのはなんとなく覚えていたが、三月三〇日が一九六四年の復活祭であることは、カミさんに調べてもらうまで分からなかった。

自分の誕生日を確かめる。一九六四年九月一八日は金曜日であった。マザーグースにFriday's child is loving and giving.というのがある。谷川俊太郎氏はこれを「ほれっぽいのは　きんようびのこども」と訳した。いろんな言語に「ほれっぽく」興味を持つのも、金曜日生まれ故か。

直接には役に立たないけれど、札入れに忍ばせているミニカレンダー

ビアホールの請求書

わたしが生まれる一九六四年より遡ること三〇〇年、ストラスブールにクローネンベルクというビール醸造所ができた。ここで生産されるその名も1664というビールは、フランス語で seize cent soixante-quatre あるいは seize soixante-quatre と読むそうだが、これが気に入っている。

わたしのビール好きは広く知られており、食事に誘う人は誰もがビールに気を遣ってくれる。たいていは種類の多い店を探してくれるのだが、本音をいえばその必要はない。ビールは好みのものが一種類あれば充分。フランスのビールなら1664だけで満足なのだ（ただし白 blanc はちょっと違う）。

ビールの国チェコでビアホールに行っても、種類が多いとは限らない。ふつうのビールと黒ビールの二種類だけ、あとはサイズが大きいのと小さいのだけということも珍しくない。覚えるべきは「明るい色の（＝ふつうの）」「暗い色の（＝黒の）」「大きい」「小さい」という形容詞で、ビールpivoに合わせて中性形にすればよい。

とはいえチェコのスーパーに行けば、いろんな種類のビールがある。日本ではピルスナー・ウルケルやブドバルが有名だが、わたしのお気に入りはガンブリヌス。かつては銀座のピルゼンというビアホールで飲めたが、今の東京では難しい。ほかにもスタロプラメンとかラデガストとか、いろいろ美味しそうで、そうなるとふだんのポリシーはどこへやら、片っ端から試してみたくなる。

おいしかったビールは記憶に留めるべく、飲んだ証拠が何かほしいが、空き缶を持って帰るわけにもいかない。写真に収めてもなんだか虚しい。

そこで瓶ビールを買い求め、そのラベルを剥がして持ち帰る。

今回の捨てられない紙はこれだ。

ラベルを剥がすのはなかなか手間である。水を張ってその中に瓶を浸け、浮き上がってきたら破れないよう慎重に剥がし、裏の糊を洗い流し、生乾きの状態で本に挟んで皺を伸ばす。地道な作業だ。コセコセしていることは自分でも認める。だが、このような作業に勤しむのはわたしだけではない。

かつてプラハの軍団橋のそばに古道具屋があった。骨董品店のような高級アンティークではなく、空き瓶や空き缶や古写真、さらには何だかよく分からないものを売っているヘンな店。バケツの中にビニール袋があって、よく見ると切手やマッチラベルが詰め込まれている。その中にビールのラベルを見つけた。値段は日本円にして七〇〇円くらい。面白半分で買ってみる。

宿で開けてみれば、そこに広がるのはまるでチェコビールのカタログ。今まで見たこともないビールのラベルが、次から次へと出てくる。一見似ているようでもよく見ると微妙に違っていて、これを収集した人のコレクター根性が伝わってくる。剥がす作業も大変だったろう。これほど熱心に集めた人が、手放すとは思えないから、亡くなった後で遺品整理した遺族が他の物といっしょに引き取ってもらったのか。安っぽいビニール袋に入れて売られていたが、元は丁寧に分類してアルバムにでも貼ってあったのではないかなど、空想は無限に広がる。

ビールのラベルを愛でる一方で、チェコ滞在中はやはりビアホールに行きたい。プラハはどこで飲んでもビールがおいしい。いつも観光客でごった返している老舗の居酒屋あたりだと、値段が高い代わりに「お客さん、チェコ語がお上手ですね」と見え透いたお世辞をいってもらえるので、それが嬉しくて何度も通う。

有名店の中には敷居の高い店もある。常連客以外は応対すらしてくれないという噂があるビアホール「黄金の虎」は、怖くて店の前を通るだけだったが、あるとき意を決し、カミさんと入った。開店直後の午後四時。すでに満杯に近く、空席がないかとキョロキョロしていたら、店員がさっと現れて席を作る。その素早さに感動する。

席ばかりではない。座れば何も言わずにビールが出てくる。つまり選ぶ必要がないということ。ほらね、チェコのビアホールは種類の多さで勝負しないのだ。しかも確かにうまい。うまいのだが、少々落ち着かない。だから一杯だけにしておこうと、お勘定のため財布と取り出せば、店員がすぐに駆け付ける。なんてこった。

気がつけば、ジョッキの傍に請求書が置いてある。手書きの数字は合計が八〇コルナのこと、下の線は縦棒がビール2杯、横棒がチェック済みを示しているらしい。文字がなくても広がる外国語。

これでまた、捨てられない紙が増えてしまった。

素早すぎるビアホール「黄金の虎」のコースターと請求書

毎日食べよう健康チーズ

プラハの軍団橋近くにあった古道具屋は残念ながら閉店してしまったが、買い求めたものは今も手元にある。ビールラベルの他にも、郵便切手やらマッチラベルやら、コレクションの定番ともいえるものを、信じられないほどの安価で手に入れた。例によってビニール袋へ無造作に入れてあるから、状態もさまざま。真面目な収集家だったらこんなものは最初から相手にしないのだろうが、わたしにとってはその雑多ぶりが魅力で、袋を開いてみるのがいつでも楽しみでならなかった。

この古道具屋で手に入れた紙のうち、もっとも奇妙なものはチーズの包み紙だろう。

といっても、チーズはふつう銀紙、つまりアルミ箔に紙を裏打ちしたもので包装されている。ポーションチーズは円形を六等分したものが多いが、その一つ一つの上に三角形のラベルが貼ってある。

そういうラベルのコレクションなのだ。ラベルには四角いものもあるし、他にも箱の上に貼る円形の紙、さらには紙箱そのものまでが畳まれた状態で入っていた。チーズの包み紙なんてふだんは気にも留めないのだが、並べて眺めてみれば、これがなかなか面白い。

まずはチーズそのものをデザインした王道ラベル。ハム入りやパプリカ入りだったら、それも描かれる。唐辛子入りは悪魔。このイメージはなんとなく分かる。

だがそれだけではない。

興味深いことに、チーズのイメージは「田舎」らしい。煙突がついた三角屋根の山小屋と、そこに咲き乱れる花々。チーズはこういう田舎で作るイメージのようだ。花だけを特化し、高山植物らしい花を集めたシリーズもある。ポーションチーズに六種類の花が並んだら綺麗だろうし、高原で食べるチーズもおいしそう。

動物だったら、もちろん牛。フランスではチーズのキャラクターとして「笑う牛」La vache qui rit が有名だ。フロマジェリー・ベル社のポーションチーズで、日本でもよく見かける。チーズを耳に飾っている赤い牛は、「ラッフィングカウ」というらしいが、フランス生まれのチーズのキャラクターに英語名をつけるのは、オランダ生まれのナインチェをミッフィーと呼ぶくらいつまらない。

チェコスロバキアのチーズにも牛がデザインされている包み紙があるが、いたっておとなしく、とくに笑ってもいない。むしろ主役は牛のいる牧場、つまり田舎のように見える。

蛾にしか見えない昆虫をデザインしたラベルは、田舎以前になんだか怖い。これで食欲が湧くのか。可愛らしい象が描かれているものがあり、これは子どもウケを狙ったのではないかと邪推する。というのも、詳しくは知らないが、かつてチェコスロバキアはチーズを推進したらしいのだ。マッチラベルにも「栄養満点のチーズを毎日せめて一切れ」のようなスローガンが書き込まれているものを見たことがある。チェコ人はチーズをあまり食べなかったのだろうか。

チェコスロバキア映画『幽霊万歳！』（オルドジフ・リプスキー監督、一九七七年）には、子どもたちが乳製品店で歌う場面がある。

毎日　毎日
おやつに　食べよう
健康あふれる　サーザバ印

ほとんどＣＭソングにしか思えないが、「サーザバ川岸産の健康の源」Pramen zdraví z Posázaví は実在の乳製品である。調べてみたらこれはプリビナーチェクPribináček、つまりミニカップに入ったクリームチーズであることが分かった。この上蓋もデザインがいろいろありそうだが、紙ではないし、そもそも裏にはクリームチーズがべったりだろうから、収集に向かない。

とにかくチーズは田舎＋健康なのである。

あるラベルには登山家を描いたものがあるが、これなんか田舎と健康の両方を兼ねている。他にもサッカー選手とか、さらには鍛え抜かれたマラソン選手が描かれている、その名も「マラソン」というチーズがあった。これはラベルではなく箱で、しかも表記はスロバキア語。もしかしてスロバキアのチーズは、さらにおいしいのか。

チーズラベルを裏返してみれば、ヒンジの跡。ヒンジとは切手収集家がアルバムに貼り込むときに使う小さな紙である。前の持ち主はチーズラベルを、切手と同じくらい丁寧に整理していたことが窺える。

　それを偶然手に入れた東洋の外国語学習者は、かの国の過去を調べ、さらに想像を広げるのである。

牛、象、登山家、悪魔……、デザインがかわいいチーズラベル

メニューの解けない謎

今でこそ外国でレストランに入るのはなんでもないが、慣れないうちは苦労した。困らなくなったのは、一九九〇年代にチェコ共和国オロモウツで通った、夏季チェコ語講座のおかげである。

こういったセミナーの食事は大学の食堂が一般的だが、このときは何かの理由で使えず、代わりに大学が食事チケットを発行してくれた。このチケットを切り離して渡せば、市内四か所の指定レストランで一定額の食事ができる。追加料金を払えば、さらに高いものを注文してもいい。便利なシステムだった。

毎日レストランへ通ったおかげで、チェコ料理名をずいぶん覚えた。見た目や味と単語が結びつけば記憶に残りやすいが、それでも料理名は難しい。実際の料理が出てきて、やっと理解できることもある。「カニの棒のフライ」とあって、妙に安いので不思議に思い、注文してみればカニカマボコの天ぷら風。油断がならない。ましてや「気まぐれシェフの田舎風煮込み」なんてあったら、何を食わされるか、分かったものではない。

メニューが難しい理由のひとつは、家に持ち帰ってじっくり研究できないことにある。先ほどの「カニの棒のフライ」だって、カミさんがレストランのテーブルの下で、ウエイターが注文を取りに来る前にあわてて辞書を引いた結果である。ゆっくり吟味している暇などない。

ところが最近になって、外国語のメニューがじっくり読める機会に恵まれた。

Sさんはかつて市民講座でいっしょにロシア語を学んだ「クラスメート」である。彼女は当時三〇代のOLで、わたしは高校生だったが、それから四〇年経った今でも、連絡を取り合っている。

Sさんは一九八〇年代初頭に、当時のソビエトをひとりで旅行した。今ではぜったい出来ないような経験をたくさんしてきたらしいが、最近になってそのとき入手したものをいろいろ譲り受けた。「黒田くんならエッセイを書くときの資料になるでしょ」。ありがとうございます。

そのSさんが詰め合わせて郵送してくれた小包の中に、昔のソビエト・レストランのメニューがあった。

表紙にはMENUと並んでMEHЮとキリル文字で表記されている。だがロシア語ではない。店のロゴはДНIПРОで、注目はIの文字。これがあればウクライナ語（だけじゃないけど）だと類推できる。

ДНІПРО「ドニプロ」といえばキエフの有名ホテルであり、これはその付属レストランのメニューなのだ。

ソビエトは多言語国家であったが、それが建前で終わってしまうことも少なくなかった。ホテルのロゴだけはウクライナ語表記で、あとはロシア語だけということも珍しくない。

だがメニューを開いてみれば、料理名もまたウクライナ語である。それどころかさらに英語、フランス語、ドイツ語が添えられ、しかもロシア語がない！　ソビエト時代のものとは信じがたい。

中身は二つ折りのA3用紙両面に文字がぎっしりと印刷されているだけで、写真なんてもちろんない。値段だけはタイプ打ちで、これがあれば品切れでなく、注文しても大丈夫ということだろう。

これだけ多言語なら、料理名もなんとか理解できそう。フランス語で確認してみよう。Côtelettes à la Kiev はキエフ風チキンカツで、ナイフを入れると中からバターが溶け出す郷土料理。あれですよ。

えっ、知らない？

そっか、だったらカツレツだってことしか分かりませんね。

メニュー問題の神髄はここにある。つまり、知らなければ分からない。

たとえばSolianka-soupeは後半の単語からスープであることが類推できるからいい。だがChachlyk de moutonとなると、羊料理までは分かっても串焼きとは気づかない。究極はСайраで、英、仏、独語すべてSairaとあり、サンマだと知らなければ、魚であることさえ見当がつかない。そもそもSaira

はふつうの仏和辞典や英和辞典で見つからない。いくらたくさんの言語で書いてあっても、結局は「気まぐれシェフの田舎風煮込み」の域を出ない。これがメニューの言語である。

メニューにはピンクの蛍光ペンが塗られ、ボールペンで和訳を書き込んだ箇所がある。Sさんに違いない。ウエイターと交渉してメニューを貰い受け、ホテルの部屋で「研究」したのだろう。

今ならネットで調べられる。それでも四〇年前のソビエトの紙に残る滲んだタイプ打ちの文字と微かな匂いには、ことばを愛おしくさせる何かがある。

ウクライナ語を勉強したくなったら、拙著『つばさ君のウクライナ語』（白水社）をどうぞ！

ロシア語でホームズ

かつては外国ばかり旅行していたが、最近は国内も出かけるようになった。二〇一九年一一月は、カミさんの勤務先の学園祭休みを利用して、二人で長崎を訪ねた。とくに用事もないのだが、知らない街を歩いてみたかった。

ただしわたしは長崎が二回目なので、まったく知らない街でもない。数年前に英語教師のCくんとPくんの三人で出かけたのが最初だった。三月末だったが、とにかく雨に降られた記憶しかない。今回は季節も違うのに同じくらいよく降った。昭和の歌を思い出す。

わたしやカミさんや若い英語教師たちが長崎を目指すのは、もちろんここが日本の洋学発祥の地だからである。差し当たり訪れたいのは出島。今回は市内到着後、昼食に皿うどんを食べてから、すぐに向かった。

入口で入場料を払う。案内書はいろんな言語が揃っていた。二人で同じじゃつまらないし、かといってスラブ系言語はないから、日本語と英語かなと思ったとき、外国語リストの中に光るものが。オランダ語である。

これだ。せっかく出島に来たのだから、オランダ語版の出島案内書を貰わなければ悔いが残る。窓口の係員にオランダ語版がほしいと申し出れば、ひとりは何のためらいもなく一部を渡してくれ、もう一人が先ほど受け取った英語版を無愛想に取り上げた。

オランダ語が分かるわけではない。それでも無理して文字を追えば、ドイツ語からの類推で、なんとなく解読できそうな箇所もあって楽しい。ホテルに戻ってからも、しばらく眺めていた。

外国人観光客が増えてから、観光地の案内書は多言語になった。東京でも上野や新宿に置いてある無料パンフが面白くて、つい手に取ってしまう。表紙だけ見ても、英語版はinformationなのにフランス語版はinformationsで、そんな違いが面白い。

わたしにとって残念なのは、出島も東京もロシア語版がないことだ。しかしこれがヨーロッパならば、ロシア語版に出合うことは珍しくない。

とくに東欧は多い。かつては「友好国」の言語として、幅を効かせていた時代もあった。ソビエト崩壊後は激減するが、二一世紀になるとイデオロギーとは別にロシアから大量の観光客や労働者を受け入れることになって、これに伴いロシア語パンフも増える。

　では他の地域はどうか。

　数年前にロンドンを訪れたときのこと。これもカミさんは初、わたしは二回目ということで、市内はわたしが偉そうに案内した。たいした目的はないが、やっぱり行きたいのはベーカー街二二一b番地。ここにシャーロック・ホームズ博物館のあることは一回目から知っていたが、見学はしなかったので、今回はカミさんと入ることにした。

　狭い建物内を見学するため、人数制限がおこなわれている。入場するためには博物館前で整列しなければならない。チケットを買って列に並んでいると、博物館員がそれを一人ひとりチェックし、さらにパンフレットをくれる。「何語版になさいますか」と尋ねられ、まあ英語版と日本語版ですかねと思ったのだが、念のために何語があるのか聞いてみた。博物館員が英語で挙げる言語名の中に、果たしてこちらが希望する言語があった。

　ロシア語？　もちろんありますよ。

　日本人がロシア語版を求めても、まったく不思議がることなく英語版と取り替えてくれる。今も手元にあるのは、日本語版とロシア語版である。

　日本でオランダ語の案内書、イギリスでロシア語の案内書。こういう意外な組み合わせが、わたしを楽しくさせる。

旧ソ連でもシャーロック・ホームズはもちろん人気だった。一九七九年にはテレビ映画として『シャーロック・ホームズとワトソン博士』が公開され、大評判となりシリーズ化された。撮影はラトビアでおこなわれたらしいが、シロウト目には一九世紀のロンドンにしか見えない。

ソ連版ホームズは日本でもＤＶＤ化されている。先日ひさしぶりに観た。登場人物の一部は、どう見てもスラブ人の顔だよなと感じながらも、全員がロシア語を話すことには何の違和感もない。この視聴後に博物館のロシア語版案内書を読めば、ホームズのロシア語がますます自然に思えてしまう。

たった一枚の紙きれがもたらす想像力でも、決して侮れないものがある。

出島案内オランダ語版とホームズ博物館ロシア語版。

出身地は地図を指さして

最近の観光パンフレットは充実している。たとえば都内の案内所に行けば無料でもらえる東京ガイドは、総カラーで八六ページ、ヨーロッパ系だけでも英語、フランス語、ドイツ語、イタリア語、スペイン語版がある。フランス語版Tokyo Guide Touristiqueを捲れば、「東京、グルメの街」Tokyo, ville de la gastronomieなんていうのが目に飛び込んできて、つい熱心に読んでしまう。

紹介する地域も注目である。東京の全容から始まって、新宿、渋谷、浅草といった定番ばかりでなく、わたしの生まれ育った大田区まで掲載されており、いったい何を紹介するのかと、これまた熱心に読み耽ってしまう。

その一方で、国全体の地図の無料配布はあまり見かけない。観光客が日本地図を見ながら旅行するとは考えられないから、そもそも広告が取れない気もする。

わたしが訪れる旧ソ連・東欧地域も、今では観光客向けの市内地図が無料で貰える。すこし前まではキオスクでわざわざ買い求めなければならなかった。しかも物不足のソ連では、それすら品切れということが多かった。エストニアの首都タリンで市内地図を求めたら、ロシア語版も英語版も売り切れで、ドイツ語版だけがあったことを思い出す。バルト諸国におけるドイツ語の威力を、改めて感じた瞬間だった。

国別地図はむしろ、日本で買い集めてきたかもしれない。洋書店が輸入した地図は、版が古くなるとバーゲンセールをするので、つい買ってしまい、捨てられない紙がまたしても増える。

手元に集まった地図の中に、不思議なものを見つけた。一九八〇年代に買い求めた旧ユーゴスラビアの地図で、現地へ出発する前に入手した記憶がある。宿泊先を決めず気ままに旅するつもりだったので、ユーゴのどこに行こうかと、この地図を眺めながら考えた。

改めて手に取ってみたところ、この地図がJugoszláviaという不思議な綴りであることに気づく。それに続くautótérképeは、最初の四文字しか分からない。ハンガリー語版の道路地図らしい。陸続きのヨーロッパ諸国だから、こういう地図を頼りに車で移動をするのだろうか。

地図にある記号一覧表は、ハンガリー語、セルビア語、ドイツ語、英語、チェコ語、フランス語という充実ぶり。さらに地図をよく見れば、ときどき二重表記の街があることに気づく。Beogradはその下にBelgrádとあり、こちらはハンガリー語だ。これはすぐ分かるが、Novi SadがÚjvidekと表記されると、ボイボディナ自治州の州都だとは、すぐには気づかない。「¥830」という値札シールが貼ってあるから、間違いなく日本で求めたもの。いったいどういう意図で輸入したのか、その真相は不明なものの、眺めていると楽しい。

車の運転はできないので、国別地図を頼りに移動したことはないが、現地で実用的に使った経験がある。

二〇一五年二月、チェコ共和国オロモウツの大学で講演を頼まれた。現地で日本語を教える先生の奔走により、滞在中はいろんな人に会うスケジュールが過密なまでに組まれている。わたしはあることを思いつき、プラハで事前にチェコの地図を一枚買って、鞄に忍ばせた。

オロモウツでは本当に多くの人々と知り合いになった。とくに学生。名門パラツキー大学にはチェコ全土から若者たちが集まる。日本専攻、チェコ専攻、スラブ専攻と分野も多彩。あまりに多くて、誰が誰だか分からなくなりそうだ。

そこで地図を取り出す。

出身地がどこだか教えてよ。

同じことを口頭だけで尋ねると、遠慮深いチェコ人たちは、わたしの街は小さいからきっとご存じないでしょうと、出身地をはぐらかす。だが地図を差し出すと、誰も断らない。懸命に自分の出身地を探してくれる。裏表一枚だけの安い地図なのに、地名は意外と詳しく載っていた。見つけ出してくれた町や村の名前を、わたしはボールペンで囲む。いまそのチェコ地図を再び手にすれば、あちこちにボールペンで囲まれた地名がある。それに伴って知り合った学生や、大学のことを思い出す。

ただしこの地図も万能ではない。ある学生は隣国のスロバキア人だったので、出身地が載っていなかった。「だいたいこの辺りかな」と指さしたのは、地図からはみ出した机の上。

次回からは近隣諸国の地図も用意しよう。さらに東京ガイドも持参して、大田区の説明も試みたい。

こうしてさらに紙が増える。

ハンガリー版旧ユーゴスラビア地図と、チェコ地図

捨てられない紙がしおりになる

いしいひさいち『ほんの本棚』（東京創元社）にある四コマ漫画。シャーロック・ホームズがソーホーの古書店で日本の本を買ってきたと、ワトスンに報告する。「実はその本を買ったのは　このしおりがめずらしくてね。みたまえ　さすが墨絵の国だね　漢字黒一色の大胆なデザインだ」。だがそこに書いてあるのは、「著者謹呈」……。

いしい氏の漫画はときどき、感心するあまり笑うのを忘れてしまう。ホームズの気持ち、分かるなあ。

著者謹呈の短冊はともかく、しおりは捨てられない紙の究極ではないか。

東京・銀座の教文館で売られるキリスト教用品の中には、すてきなしおりがいろいろあって、つい買ってしまう。お気に入りはヘブライ文字をデザインしたイスラエルのしおり。文字をイラスト化し、それに因んだヘブライ単語とローマ字転写、さらに英訳が添えられる。なんど挑戦しても覚えられないこの魅力的な文字が、これなら頭に入りそうな気がするのだが……。

クロアチアを旅行したとき、ザグレブでグラゴール文字をデザインしたしおりを見つけた。スラブ最古の文章語である古代スラブ語の表記に用いられたこの文字は、時代を経るにつれて徐々に廃れていくが、最後まで使われていたのがクロアチアだった。今では民族の象徴に近い存在となり、関連する土産物も多い。グラゴール文字デザイン製品の専門店もあって、そこでは無料でグラゴール文字しおりをもらった。

このグラゴール文字しおりが嬉しいのは、デザインはもちろんだが、ペラペラの紙製品であることだ。ヨーロッパで土産物として売られているしおりには、プラスチック製の立派なものが多い。厚みもしっかりあって、これでは本を傷めそう。主張しすぎるしおりは困る。

わざわざ買わなくても、本を買えばしおりは勝手についてくることが多い。書店はオリジナルしおりを作っているし、出版社もそうだ。

白水社のニューエクスプレスプラスを買うと、かつてはもれなく付いてきたしおりは、世界のことばで「こんにちは」と「ありがとう」。ロシア語やフランス語など、ニューエクプラの先発九言語が並ぶ。ちなみに白水社のライバル語学出版社である三修社は、ドイツ語学者・関口存男の展示会を記念して、彼の名言をしおりにした。「語學をやる人は、あらゆる方面に興味が動かなければなりません」。散漫なわたしを励ますかのようなお言葉。

海外の書店でもしおりをもらう。かわいらしいイラストや現地語の広告文があると捨てられない。現地へ出かけた記憶のない国のしおりもある。海外へ注文した本といっしょに送られてきたらしい。こうしてまたまた増えていく。

しおりの目的は、読みかけの本で読了箇所を示すことである。早い話、挟めれば何でもいいのだ。大学へ向かう電車の中で、新しく読みだした本を途中で閉じようとしたらしおりがない。だが何か挟んでおかないと、帰りに続きが分からなくなる。困った。

こういうときはどうするか。

最悪なのは知人から献本された本を読もうとして、しおりがないのに気づいたとき。「著者謹呈」の短冊を代わりに使いそうになる。さすがにマズい。いしい版ホームズのことを笑えない。

懐を探ると、何か紙切れが見つかる。たとえば先日訪れた美術展のチケットの半券。きれいなので捨てられず、ポケットに入れっぱなしだった。大きさもそれなりにあって、挟んだ箇所がちゃんと分かる。厚すぎないから本も傷めない。まさにぴったりではないか。

こうして、いつの間にかしおりになってしまったチケットがいくつかある。

お気に入りは二〇一八年に東京・練馬区美術館で開催された「サヴィニャック　パリにかけたポス

ターの魔法SAVIGNAC l'enchanteur」展。モンサヴォン石鹸のポスターで有名な牡牛がデザインされた半券は、その後スタンダール『赤と黒』の原書と邦訳を比べながら読むとき、フランス語版に挟んで一年以上使っていた。読了した今も捨てられない。チケットに魔法がかけられ、しおりとなった。

もっと変なのは、ワインを買ったとき瓶の首にかけてあった広告の紙切れ。「白身魚によく合う白ワイン　ネクタイ発祥の地クロアチア」なんてあると、バルカン半島のガイドブックに挟んでしまう。

捨てられない紙の再利用に、しおりは最適である。

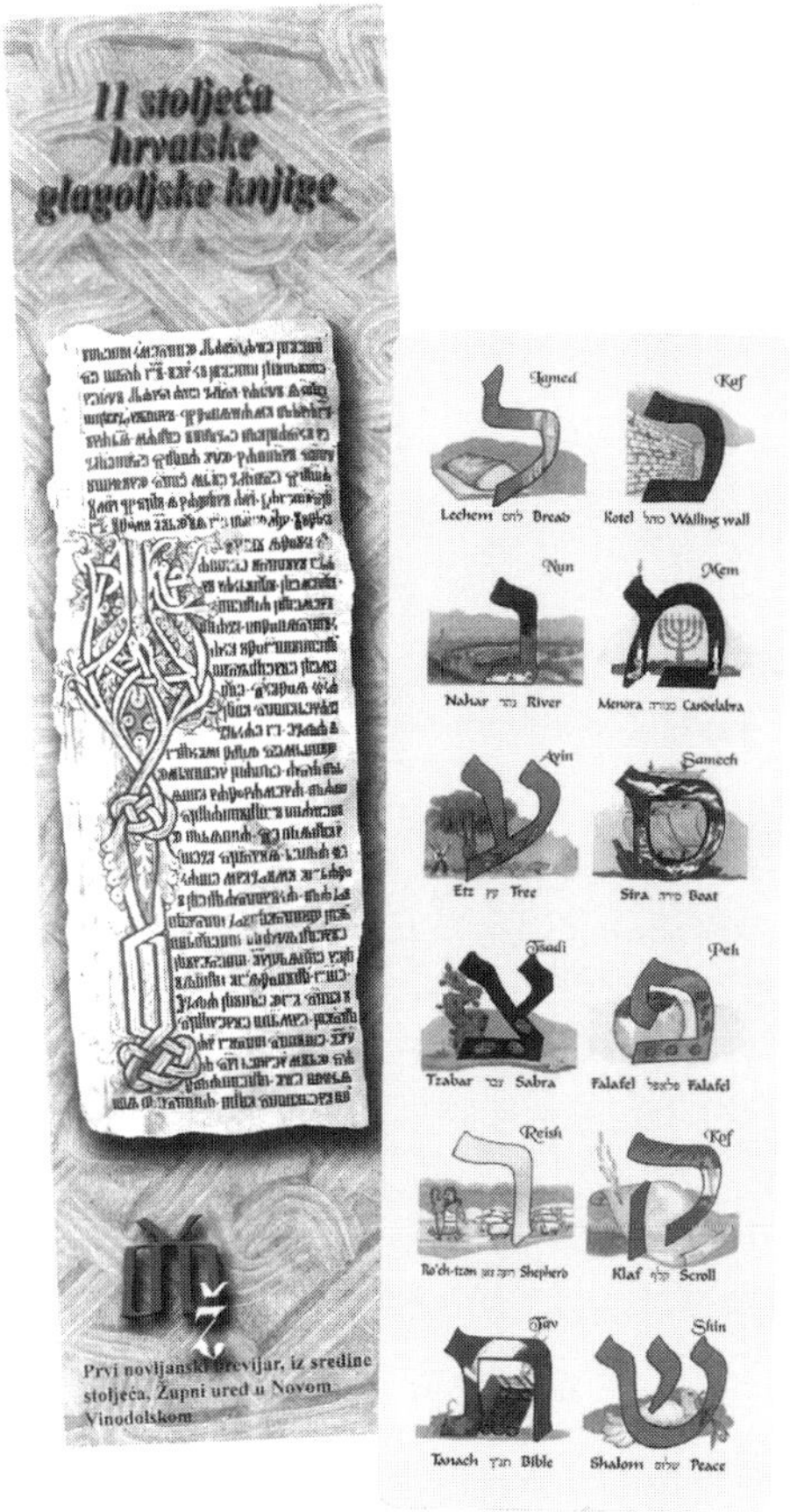

クロアチアで手に入れたグラゴール文字しおりとイスラエル製のヘブライ文字しおり

リトアニアのミス・マープル

海外では店先に置いてある名刺をもらうことがある。

たとえば古本屋。次に来るとき場所が分からなくならないように、店員さんに断って一枚いただくことにしている。メールアドレスが書いてあれば、帰国してからも注文できることが多い。商売熱心な店が増えたものだ。

前節でご紹介したザグレブのグラゴール文字製品専門店でも、しおりの他に名刺をもらってきた。クッションカバーを買ったときだったと記憶する。グラゴール文字がデザインされていれば、これはもう立派な資料で、つまり「捨てられない紙」。

ところがこの名刺、よく見ると右上に小さな穴が。裏を返せば値段と並んで原材料や洗濯方法……。

クッションカバーについていたタグらしい。しかしサイズは名刺だし、住所やメールアドレスも書いてある。これはタグと名刺の両方を兼ねているのだ。そうに違いないと勝手に解釈する。

レストランの名刺の裏側には、おいしそうな料理の写真までついていることがある。

プラハ滞在中に必ず訪れるレバノン料理店。観光地プラハはレストランが高く、しかも分量が多過ぎて食べきれない。だがこのレバノン料理店は平日のランチが三種類から選べ、一般のレストランと比べて値段も分量も三分の二ほど。追加料金を払えば、スープや飲物も注文できる。昼時は地元の学生や勤め人でそれなりに混んでいる。スパイシーな料理が食べたいときにちょうどいい。

このレストランの名刺は中東料理の写真だ。そこには昼のランチではお目にかかれないようなステーキとか、ブドウの葉包みとか、サモサ風の揚げ物とか、さらにはお菓子まで見える。小さな写真なのに、いつまでも凝視してしまう。

このように余所ではいただくくせに、自分では名刺を持つことが長らくなかった。はじめて作ったのは二〇一八年。新しい大学に赴任した際、無料だというので注文してみた。五三歳の名刺デビューである。

名刺はむしろ若い人のほうが真面目に作っている。大学生でもサークルや就活などで配るために必要らしい。若き友人でフリーランスのHくんの名刺は「フランス語教師 enseignant de français 翻訳・通訳 traducteur　語学カウンセラー conseiller linguistique」と、日仏二言語で併記されている。

完璧。

わたしの名刺はいい加減で、住所は大学、電話やＦＡＸはわたしの属する部局のものだから、この名刺を頼りに直接わたしに連絡することはできないようになっている。しかもめったに渡さない。名刺をほしがるのは面倒な人が多いので、そもそも渡したくないという矛盾した気持ち。おかげでいつまで経っても一向に減らない。海外へ出かけるときもそうで、現地で名刺交換するような場面はまずない。

ただ昔は、自分では持っていなかったものの、いただくことが多かった。

通訳として国内外を走り回っていた二〇代、当時もらった名刺にはソ連を示すＵＳＳＲやＣＣＣＰ（キリル文字です）が少なくない。肩書を見れば「州人民代議員議会議長補佐官」とか「東洋学部日本語学科助教授」、「レーニン図書館科学調査員」など、政治家と研究者が多い。

言語も多様である。ロシア語が多いが、名前は朝鮮系だったり、ドイツ系だったりする。その他ウクライナ語やベラルーシ語など旧ソ連構成共和国、ポーランド語やチェコ語などの東欧の諸言語。キリル文字なのにまったく読めないのはモンゴル語の名刺で、かつてロシア語通訳としてモンゴルを訪れた際にもらった。

名刺を次々に受け取れば、誰が誰だか分からなくなる。誰からいただいたか忘れないよう、名刺の隅に特徴をメモする。「コンピュータ言語研究者」とか、「ひげのおじさん、歴史学者」とか。中には

「怪しい宗教家」や「長髪のワロージャ」などと書き込んだ名刺も。わたしには密かにあだ名をつける癖があるが、日本語で書いてあれば当人には分からないから安心（性格の悪さが滲み出る態度）。

中にはこんなメモがあった。

「リトアニアのミス・マープル」

ロシア語の名刺で、教授とあるが所属は棒線で抹消してある。かつてロシア語学科に勤めていたが、当時すでに定年を迎えていた女性らしい。裏には自宅の住所が手書きのリトアニア語で添えられている。いったいどこで知り合ったのか、名刺を凝視しても何も思い出せない。だからマープルにどこが似ているかも、まったく不明のままである。

もう二度と会うことのない人の名刺。古本屋やレストランと違って何の役にも立たないが、それでも捨てられない。

ザグレブのグラゴール文字グッズ店

友好協会会員証の印紙

古書を買い求めてみれば、ページの間に紙の挟まれていることがある。多くはしおり代わりの切れ端だが、その本の書評や関連する新聞記事などが、読んでいる途中にハラリと落ちたりする。語学書では練習問題の解答を書き留めた便箋なんかも挟まっていて、なんとなく捨てられない。そういうものを丹念に読むのも、古書の楽しみかもしれない。

中には捨ててはいけない紙もある。

たとえば正誤表。とくに学術文献の誤植は看過できない。几帳面な著者ほど綿密な正誤表を作成する。あれだけ注意して校正したのに、なんだってこんなに間違いが多いのだと、己または編集者または印刷所を呪いながらの作業に違いないと想像する。自分がそうだからだ。

洋書の場合、このような正誤表はラテン語でERRATAと表記される。ヨーロッパではこの単語が広く使われ、フランス語辞典でもerrataがそのまま見出し語になっていた。ただしこれは複数形で、単数はun erratum。英語にもdatumの複数がdataになるように、ラテン語起源の単語は変化もラテン語に倣うことがある。とはいえ、誤植は単数で済まない気もするが。

チェコスロバキア時代の古書には、ときどきマッチラベルほどの紙切れが挟まれている。Kontrolní kupónとあり、詳しく読んでみれば落丁、乱丁はお取替えしますといったことが書いてある。製品管理への責任か、はたまた検閲の延長か。

kupónはクーポンのことだが、その意味するところは時代や場所によって異なる。現代日本語では切り離しのできる金券や割引券をさすが、他にも配給券、引換券、利用券といった意味で使うことがある。小さな紙切れなら、なんでもクーポンという気もする。

正誤表にしろ、クーポンにせよ、本に貼られていることもあるが、ただ挟まれていることも多く、気をつけないと滑り落ちてしまう。

かつて日本では書籍の管理に検印が使われた。本の奥付にある著者の印で、たいていは小さな紙に押してあり、それが貼り付けられている。著者が発行の承認と発行部数の確認をするためだが、今では省略されるのがふつうだ。

二〇年ほど前までは、検印を押す機会があった。クラッシックな出版社（白水社とは別）から教科書発行のために検印を求められたのである。ロシア語の教科書なんてたいした部数が出るわけではないのだが、それでも数百の印を押すのはかなりの手間だった。ヨーロッパの書籍に検印は見たことがない。そもそも印鑑文化がないから当然なのだが。

一方で収入印紙はある。調べてみれば現在のような紙片になるのは一八世紀末のイギリスだという。これが日本に輸入され現在でも使われているが、わたしは出版契約書以外では縁がない。外国では見たことがないが、カミさんはかつてチェコでビザ延長の際に使ったという。

プラハのマラー・ストラナにある古本屋は、本以外にも写真やマッチラベルや切手など、さまざまな古い紙切れを売っている。中には労働手帳とか、温泉地の診断書とか、文化を反映する興味深いものもあって、財布と相談しながら少しだけ買い求める。

その中で、「チェコスロバキア・ソビエト連邦友好協会」の会員証を見つけた。はじめの見開きには会員番号や会員の住所氏名が書かれているが、それ以降は会費納入の記録で、これが収入印紙風シールなのである。一枚ずつ額面が記載されていて、見た目は切手と変わらないが、そこにあるSČSPは友好協会の公式略称だから、オリジナルであることが分かる。額面もさまざまで、料金に合わせて年度ごとに貼り交ぜる。会費の他に寄付金の払い込みらしきものもある。一ページに八つのスペースがあって、そこに張り込まれた小さな紙片がかわいらしい。ただし最後のページである一九五五年は細目も分からず、ただ一〇コルナのシールが貼られているだけ。理由は分からない。

そういえば日本にもブルーチップとか、商店街のスタンプシールがあった。買物のたびに小さな紙片をもらい、それを台紙に貼ってお店に渡すと、いくらか割り引かれたと記憶する。

わたしとカミさんが買物をする某商店街では、今でもスタンプシールをやっている。別に割り引いてもらうつもりはないが、台紙をもらってきてはシールを丹念に張り込む。小さな紙には張り付ける喜びがあるのだろうか。

正誤表も紛失しないうちに、奥付のそばに貼っておいた方がいいなとふと思う。

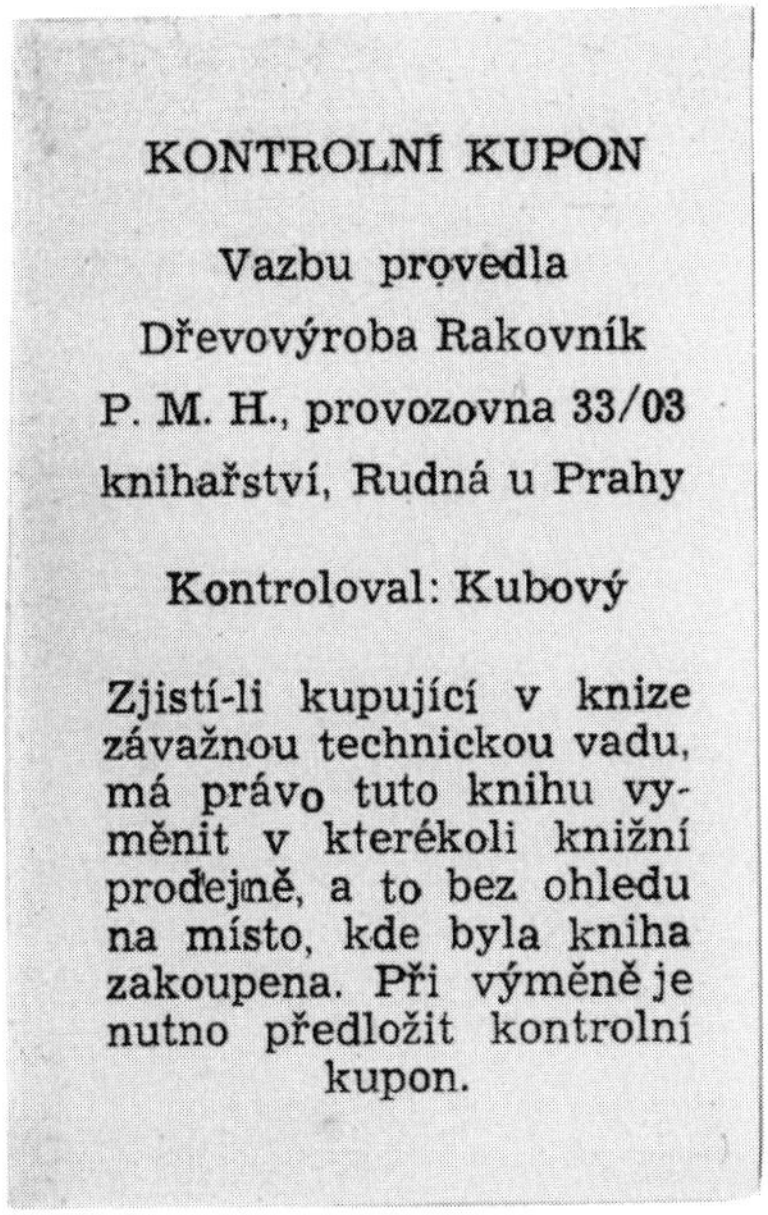
KONTROLNÍ KUPON

Vazbu provedla
Dřevovýroba Rakovník
P. M. H., provozovna 33/03
knihařství, Rudná u Prahy

Kontroloval: Kubový

Zjistí-li kupující v knize závažnou technickou vadu, má právo tuto knihu vyměnit v kterékoli knižní prodejně, a to bez ohledu na místo, kde byla kniha zakoupena. Při výměně je nutno předložit kontrolní kupon.

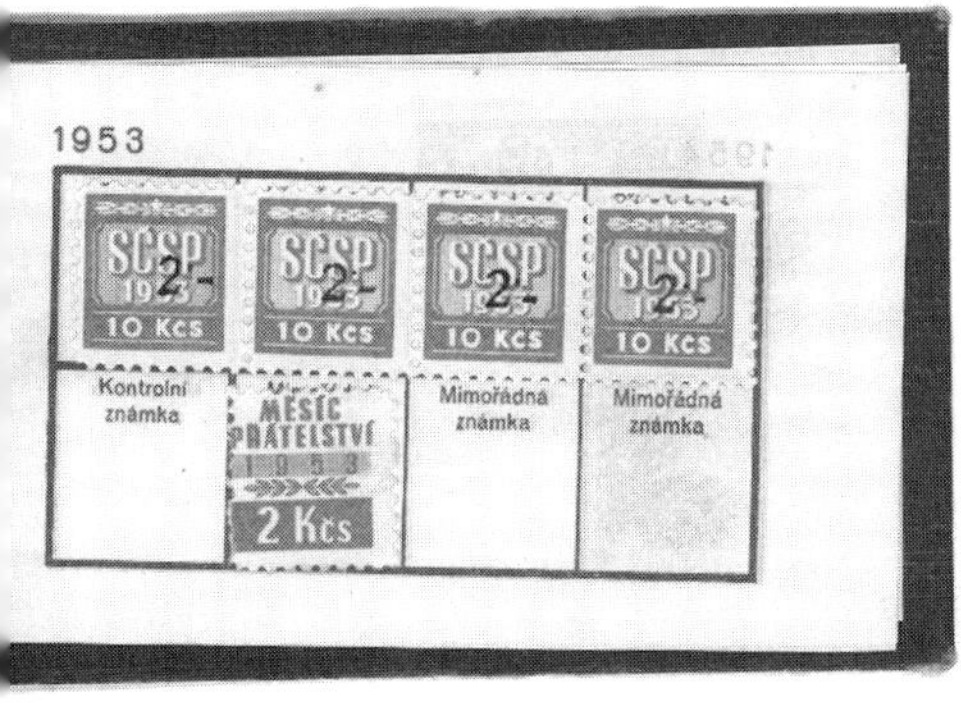

Kontrolní kupon と SČSP 会員証

魅惑の食品パッケージ

何を隠そう、水木しげる先生の大ファンである。物心つく頃からゲゲゲの鬼太郎に熱中し、小学生時代は妖怪関係の本を読み漁り、その後は民俗学、口承文芸、ゴシック小説へと進む。ご要望があれば大学で一年は講義できる。いつか依頼があると信じて、「ゲゲゲの言語学」という連載エッセイをひとり勝手に企画して、日々アイディアを練っている。

二〇一八年に鳥取県の図書館で講演をおこなった翌日、境港市の水木しげる記念館を訪れた。妖怪クイズが随所に掲示してあったが、わたしにはやさしすぎる。帰りの米子空港の売店でチョコレートを買った。チロルチョコ一つ一つに鬼太郎の漫画から一コマずつがデザインされているのだが、一目見ればどの話か、瞬時に出典が答えられる。この域にまで達すれば、すでに立派な文献学的知識ではないか。カミさんはただ呆れている。

お菓子の包み紙というのは、どうしてこうも魅力的なのか。捨てる気になれない人も少なくないはず。わたしの手元にもロシア語が書かれた包み紙がある。ロシアには二一世紀以降ほとんど訪れていないから、誰かのお土産だろう。味は忘れたが、包み紙にデザインされたニワトリ、ラクダ、赤ずきんなどは、小さな額に入れて飾りたいくらい気に入っている。

ただし食品の包み紙は保存が難しい。とくにチョコレートはどうしたって汚れやすい。チェコ共和国の鉄道駅のキオスクで、レトロなデザインのチョコウエハースを見つけた。包み紙が持ち帰りたくて慎重に剥がしたのだが、汚れてしまってダメだった。今でも心残りだ。

フランスの古い紙を紹介した和書を何冊か手に取ってみたが、「食」alimentationに関係する紙の部では、チーズやシロップのラベルがすこし紹介されているだけで少ない。やはり保存しにくいからか。

それでもわたしはお菓子をはじめとする食品パッケージが好きだ。できればちょっとレトロなデザインがいい。

旧ユーゴスラビアの国民的調味料、ベゲタVegeta。顆粒コンソメにドライベジタブルやグルタミン酸などを加えたもので、少量を入れただけでも味がぐっと濃くなる。一九五九年以来クロアチアで生産されており、わたしもザグレブのスーパーで買って、以来シチューなどに加えている。パッケージには太ったコックさんが左手で○Kサイン。ほとんど昭和の感覚。はじめてなのに懐かしい。使い終わったら保存したいが、果たしてうまくいくか。

海外でスーパーマーケットを歩いていると、ときどきレトロなデザインに出くわす。昔のままの食品パッケージが意外と残っている。見慣れている人にはなんてことないが、余所者だからこそ愛おしく感じる。外国人だってボンカレーの松山容子に惹かれる人がいるはずだ。

残念ながら現在のヨーロッパは「グローバル化」(イヤなことばだ)のため、古いデザインどころか国産品そのものが限られている。とくに少ないのはマケドニアで、スーパーマーケットでいくら探しても、そこに並ぶのは外国製品ばかり。やっと見つけたのが胡椒БИБЕРで、キリル文字というだけで嬉しくなり、意味もなく買ってしまった。使い切った後もパッケージだけは捨てずにとってある。

凝ったデザインでなくていい。素朴なものに心が惹かれる。庶民の使う何の変哲もない茶碗に、美を見出した人もいたではないか。それと同じ気持ちだ。

浅草の近くで海外の小物を扱っている店を見つけた。チェコスロバキア製品がたくさん並んでいる。こちらは何も尋ねないのに、店員さんは、チェコ語なんてひとつも分からないですとニコニコ話す。どれも高価だったが、古ぼけた小さな封筒五枚セットだけは四〇〇円も出して買ってしまった。そこにはPárek v rohlíkuと書いてあり、つまりホットドッグを包む専用の紙袋ということなのだが、店員にはまったく想像もつかないだろう。使えば汚れてしまうものだから、こうやって買うしかない。値段は悔しいが、食品にまつわる紙はやっぱり魅力的で、買ってよかったと思う。

冒頭の鬼太郎チョコレートだが、購入してから数年が経過したが、いまだに手を付けていない。中身はさっさと片づけて、包み紙だけ保管すればいいのに、それが憚られる。パッケージは食品に包まれてこそ真価を発揮するのではないか。きれいに剥がして紙切れにしてしまえば、単行本の一コマと変わらない。

だから今日も3×3で九つ並んだチロルチョコを眺めながら、これは「妖怪大裁判」、これは「さら小僧」、これは「おどろおどろ」からの一コマと、どうでもいい知識を確認しているのである。

マケドニアの胡椒とチェコのホットドッグ包み

紙が平面とは限らない

こういうことは突然に起こる。

季節を問わず冷たい飲み物が好きなので、冷凍室でせっせと氷を作り足すのが日課だが、ある日ふと気がつけば、作り溜めた氷がみな解けている。おかしいな、扉が甘かったかなと、いつもより強く閉めてみるが、やはり凍らない。冷蔵室も冷気が消えつつある。壊れたらしい。

よりによって二〇二〇年四月はじめである。感染症の拡大で、外出が徐々に難しくなる中、慌ててカミさんと近所の大型家電製品店に向かう。新しい冷蔵庫が届くまでどれだけ待たされるかと心配したが、在庫があるからその日の夕方には配送できるという。助かった。

新しい冷蔵庫をお迎えするため、片付けなければならない。中身は一旦外に出す。部屋よりはいくぶん涼しそうな玄関を、食料品の一時避難所に指定。瓶や紙パックはそのまま、生鮮品は袋に入れて台の上に並べればいい。

だがひとつだけ困ったものがあった。

卵である。

生の卵が四つ。買ったときに入れてあったケースは、当然ながら捨ててしまった。だが何かに入れておかないと、そのまま置けばコロコロと転がってしまう。

そこでふと思い出す。どこかにチェコから持ち帰った卵パックがあるはずだ。探してみれば案の定、戸棚から見つかる。紙製で六個収容型。もちろん中身は空だから、これに冷蔵庫の卵を移せばいい。

それにしても、なんだってそんなものを持っているのか。

ここ一〇年以上、プラハではホテルに滞在せず、アパルトマンを一週間ほど借りることにしている。広いし、安いし、何より自分で食事の作れるところがいい。毎日レストランでは胃が疲れる。スーパーマーケットに行って、現地の人と同じように食料品を買い求める。長期滞在の経験がないわたしとカミさんは、そんなことがちょっと嬉しい。

ただしほんの一週間だから、大量に買うわけにはいかない。ヨーロッパのスーパーマーケットはなんでもキングサイズなので、こういうときに困る。生肉や生魚は食べきれないし、酢や油にしても何リットルも買ったら余ってしまう。

その点、卵は微妙である。一ダース、二ダースはもちろん多い。一〇個でも使い切る自信がイマイチ。そんな中で珍しく六個入りを見つけた。これなら使い切れそうだ。家でオムレツや目玉焼きが作れる。寺村輝夫氏の童話に出てくる王様のように、喜び勇んで買い求める。

紙製の卵パックの上蓋には、カラーで「新鮮卵六個入り」čerstvá vejce 6 kusůと印刷されていた。イラストはどこか田舎の風景で、養鶏場らしき小屋が見える。

卵はチーズと同じく地方のものが好まれるようだ。チェコスロバキア時代の映画で、田舎のおばあさんが往診のお礼として若い医者に卵を渡そうとする場面があった。「こういうことをされては困ります」と医者は断るが、おばあさんは「どうして？　家でとれた新鮮なものですよ」とまったく意に介さない。

そんな卵も、今では完全に製品管理されている。パックの内側には、卵の殻に印刷された数字や記号についての説明がある。これで生産国や製品情報が分かるらしい。

だからってそういう嵩張るものを、わざわざ日本まで持ち帰るか？

持ち帰ってしまったのである。現地で買い求めた小物を収容するのにちょうどよかったこともあるが、その後も捨てられないのは、プラハでの生活の痕跡が愛おしいからのだ。しかも冷蔵庫が壊れたときに役立ったというエピソードまで付き、おかげでこうしてエッセイが一本書けた。

フランス語で卵パックって何ていうんだろう。caisse d'œufsでいいのかな。それともcaisse à œufsだろうか。

外国語の学習へ何か楽しいヒントになるような話題が提供できないか。そう考えながら一年間にわたって綴ってきた。本当はパリへ出かけていろいろネタを集めてくるはずだったのに、海外渡航の難しい時代になってしまい、おかげでフランス語とはほとんど関係なくなってしまった。

それでもいずれフランスに出かけるとき、卵パックを探してそこになんて書いてあるか確かめてみたい。そんな気持ちを誘うような話を書きたかった。と言い訳しながら、わたしの「捨てられない紙」収集はまだまだ続く。

それにしても、卵パックが「捨てられない紙」というのは、やっぱり無理があったかも。

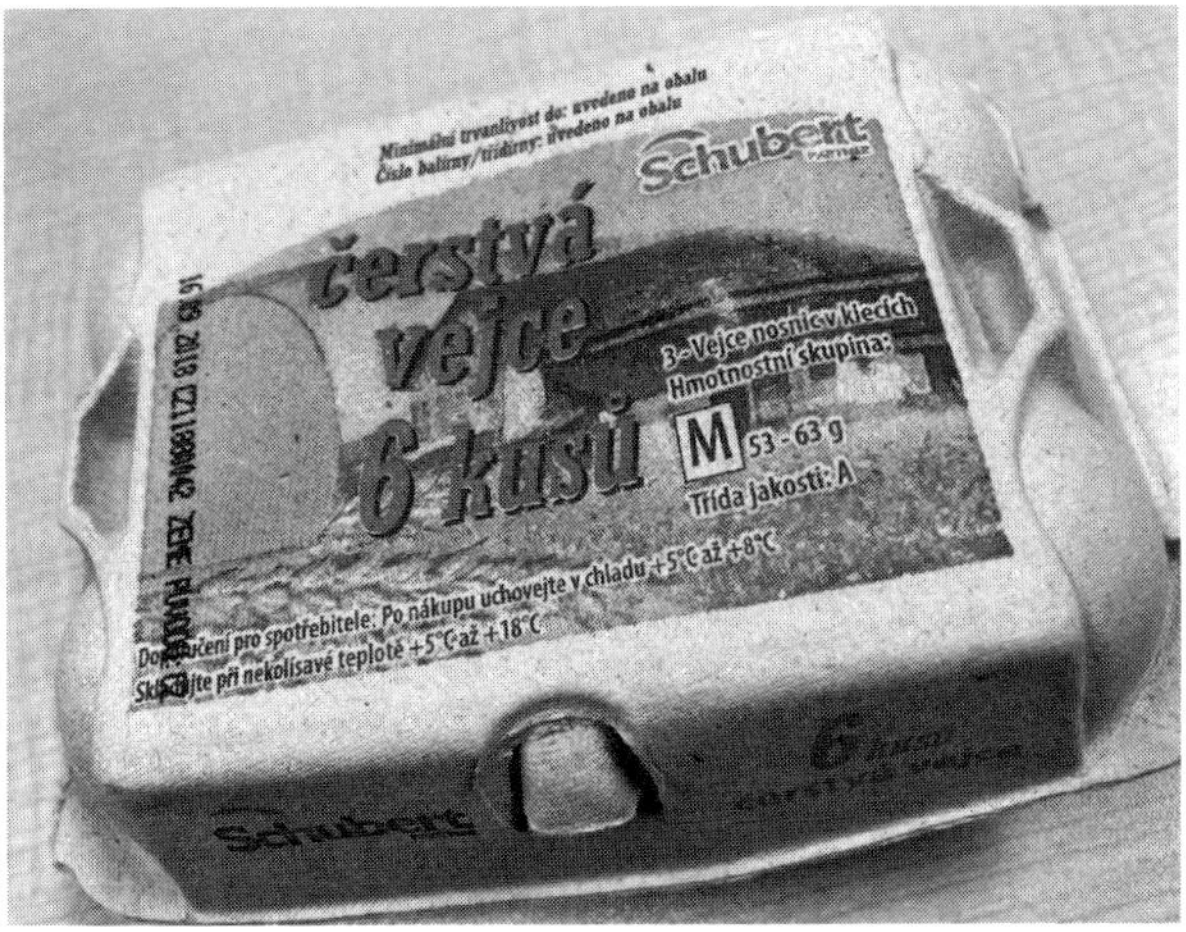

捨てられないチェコの卵パック

第iii章

読み捨てられる外国語

捨てられてしまう前に

フランスの専門家でもないのに始めた雑誌「ふらんす」の連載が二年目に突入した。執筆は困難を極めている。

本来ならば現地に行くはずだった。パリに一週間ほど滞在して、これまで旧ソ連・東欧で養った勘を駆使し、フランスの「捨てられない紙」を集めてくるつもりでいたのである。ところが不幸にして、ヨーロッパへ出かけることそのものが難しい時代になってしまう。困った。

当初は二年のつもりで始めた連載だが、諦めて一年で打ち切るか。ところが担当編集者I氏から「来年もよろしくお願いします」とニコニコいわれ、切り出す機会を失う。さらに困った。

思いあぐねて街へ出る。神保町の古書街は、行き交う人がマスク姿であることを除けば、徐々に日常を取り戻しつつある。店先の廉価本を眺めながら、フランス語で書かれた面白そうなものはないかと物色する。

日本の古本屋に並ぶ洋書は英語が圧倒的だが、その他も意外とある。中古なら本に限らず家電製品でも洋服でも買い取る全国チェーン店の洋書コーナーは、ビックリするような品揃えで、眺めていて楽しい。だがここは本が新しく、わたしの求めるものとはちょっと違う。

洋古書店でのフランス語は、ドイツ語と並んで数が多いほうだ。わたしはタイトルを拾い読みするだけで精いっぱいのレベルだが、自分の求める本を探すくらいならナントカなる。ところが軒先にはフランス語があいにく見つからない。そこで店に一軒一軒入っていく。

ある古書店で古雑誌の山を見つけた。といっても雑然と積み上げているのではなく、一つ一つビニールに収められている。封はされていない。取り出すことができて便利だ。一冊だけ、何語だから分からないものがあって興味がそそられたが、しっかり封がされている。カウンターに中を見せてほしいと申し出たが、そういうことはできませんと断られた。中が観られない雑誌は、誰がどういう目的で買うのだろうか。

雑誌の中にフランス語を見つけた。何種類かあるが、パラパラとめくって一冊買う。安くはないが、これも連載のため。

選ぶときの決め手はいくつかある。まずなるべく古いこと。といっても一九世紀では困る。二〇世紀前半くらいのヨーロッパは雑誌文化が華やかで、眺めていて面白い。要するにわたしの好みなのだ。もう一つは広告が充実していることである。もともと雑誌を定期購読する習慣がないせいか、雑誌の記事を丁寧に読むことが得意ではない。それよりも巻末にまとめて掲載されている小さな広告が好きだ。宣伝文句は短いから、外国語でも読もうという気になる。だからといって分かるとは限らないけど。

わたしが神保町で購入した女性誌は週刊らしく、日付は一九五一年九月一七日とある。内容はファッション、料理、子育てと多岐にわたり、広告も多様だ。それにしても文字が細かいな。フランス語力以前に視力がダメである。ロンドンのシャーロック・ホームズ博物館で買ったルーペを使って読む。五〇年前に死んだうちのお爺さんと同じ姿になっちまった。

ふと目に留まったのが靴墨の広告である。「わたしの靴はこれで光り輝き、柔らかさを保ちます」mes chaussures ont enfin un éclat et une souplesse incomparables とあるから、これを使えばあなたの靴はいつまでも新品同様らしい。だがわたしが引かれたのは宣伝文ではない。その製品名がNoyamaというのだ。

これって日本語？

だがいくら調べても情報がない。知っている人には当たり前かもしれないが、わたしにはさっぱり分からない。試しにインターネットで検索してもダメだった。電脳空間は現在と未来には強いが、過去の情報には総じて弱い。

それでもわたしは過去に魅かれる。一昔前の印刷物を静かに眺めながら、当時の様子を想像するのが楽しい。

こういう雑誌は特殊なものを除いて、ふつうは読み捨てられてしまう。雑誌に限らず、読了後は見向きもされない印刷物の中に、外国語学習を豊かにする何かがあるような気がするのだが。そういえば、そんなものを旧ソ連・東欧であれこれ買ったような気がする。資料が手元にまったくないわけではない。現地に出かけなくても書けそうだ。

ということで、これから一年は図書館に保管されないような、読み捨てられるヨーロッパの本を追いかけることにする。フランス語と無理やりに結びつけながらも、結局はスラブ圏の話が多くなりそうだが、どうかご勘弁ください。

70年前のフランス女性誌

ピンボケ写真の温かさ

東京・神保町の古本屋で料理本を買った。『飯田美雪の家庭料理』（お料理社）は昭和四九年（一九七四年）発行。この本は二つの点で気に入った。

まず写真がよい。といっても鮮明だからではない。むしろその逆で、全体に少し暗めで、微かにボケていて、そこが実にいいのだ。

現代の写真はネット上の画像を筆頭に、カレンダーもポスターも鮮明すぎる。まるで空気が存在しないかのように、隅々までくっきりしていて、全体にツルツルで、それがなんだか冷淡で、見ていて虚しい。それよりも一昔前の、印刷がイマイチな写真のほうに、温かみを感じる。さらに料理の写真となれば、古いほうが断然美味しそうなのである。

チェコ共和国の首都プラハに行けば、ほぼ毎日のように古本屋に通う。最近では真面目なスラブ語学関係よりも、社会主義時代の生活が伺える本に興味があり、その中にはもちろん料理本も含まれる。印刷がイマイチなものほど美味しそうに見えて、思わず手が伸びる。

本だけではない。チェコの古本屋には必ず絵はがきコーナーがあって、これを物色するのも楽しみなのだが、絵はがきには風景や動物と並んで料理というジャンルもあり、こちらも思わず買ってしまう。チェコのオープンサンドchlebíčekなんて、街中のガラスケースに並んだものより、ピンボケ絵はがきのほうが美味しそうに見えるのだから不思議だ。

さて飯田美雪の料理本のもう一つの魅力は、その用語である。

入手した本は「家庭料理」と銘打ってあるが、その中身は完全に欧米料理。別に世界を謳っているわけではないし、欧米の家庭料理と考えればそれもアリだ。

この本は料理に関係する語彙に熱心で、別冊付録として「料理用語の手引き」がある。そこには「グラッセ（仏語・Glacé）」「ソテー（仏語・Sauté）」のように、原語まで表記したうえで解説するという、丁寧な作りなのだ。

興味深いのは五〇年近く前の料理名で、今では日本でもすっかり定着した名称が、少しだけ違った表記になっている。

たとえばバーベキュー。説明は「野外でする焼肉料理のことです。その昔、中南米、西インド諸島、北米のアメリカインディアンたちが野外で豚や鳥を丸焼きにしたのがはじまりといわれ、語源はものをのせて焼く網（バーバゴア）からきたものです」と詳しく、現代の情報とほぼ同じだが、表記だけは違っている。ほかにもスクランブルドエッグ、スパゲッティアラボンゴリ、ポトーフーなど、ちょっとずつ違う。その一方でロシア料理はボルシチ、ピロシキ、ザクースカ（前菜盛り合わせ）など、この五〇年で変化していない。何が正しいかではなく、表現の変遷が興味深い。

公立図書館には市民の要望に合わせて料理本も置いてある。ただし古くなれば廃棄されてしまう運命なので、こういう「発見」は難しい。ちなみに『飯田美雪の家庭料理』は大型サイズで30×21センチ、二〇〇ページ以上、カラー写真が満載だが、お値段はたった三〇〇円。料理本は古書として、さほど価値がないのか。

それでも神保町には料理書の専門古書店がある。フランス料理の本は珍しくないが、いくら専門店でもフランス語、つまりフランスで出版された料理本は限られる。しかも写真がすこしピンボケのものが欲しいとなると、ますます難しい。

そんな中で気に入って購入したのが『最高においしくてとっても簡単なジャガイモ料理』Robuchon Joël. *Le meilleur et le plus simple de la pomme de terre* (Robert Laffont) だ。フランス料理の有名シェフだったロブションが庶民的なジャガイモ料理を紹介していており、スープやサラダから始まって、メインディッシュもあればポテトフライもありと幅広い。二〇世紀末で比較的新しい本だが、写真は全体に落ち着いていて温かみがある。

現代の料理書がすべてダメなわけではない。新刊洋書店で購入した『超簡単レシピ』Fauda-rôle Sabrina, *Un plat super facile*は、写真こそ昔ほどの温かみがないものの、材料一つ一つも個別の写真で紹介されているから分かりやすい。何よりも素晴らしいのはレシピのフランス語で、動詞がすべて不定形！　作り方だけでなく、文法もfacileだから、フランス語講読の授業で使えるかも。

こうした新旧のフランス料理本をベッドに持ち込んで、パラパラめくるのが寝るまえの楽しみとなった。そのしおりには、社会主義時代チェコスロバキア製の料理絵ハガキを使っている。

ロブションのジャガイモ料理本。

百年前の芬国旅行案内書

海外旅行のできない日々が続いている。一年くらい出かけないことはこれまでもあったが、この先もこんな状態が続くと思うと悲しくなる。「行かない」と「行けない」では大きく違う。

だが考えてみれば、子どもの頃は海外なんて夢のまた夢であった。外国へ行きたしと思えど、外国は無茶苦茶遠かった。最近のように、高校生以下がどんどん海外に出る時代ではなかったのである。それすら、ここしばらくはお預けだが。

外国への憧れが強かったわたしは、代わりに旅行ガイドブックを読んだ。口絵のカラー写真を眺めながら、異国に想いを馳せるのだが、それだけではない。旅行上の注意とか、必要な持ち物とか、そういう箇所も熟読した。実際には行きもしないのに、いや、行けないからこそ、そういった実用情報にワクワクした。

ガイドブックとはすこし違うが、サトウサンペイ『新・スマートな日本人』(日本交通公社)が好きだった。当時、朝日新聞に連載漫画を描いていた著者による、海外旅行マナーブック。食事、ホテル、チップなどジャンル別に分類し、気をつけるべき点をイラスト付きで説明する。

とくに好きだったのが「各国のマナー」で、タイでは子どもの頭は撫でないとか、中近東では値切るのもエチケットとか、今読めばステレオタイプに過ぎる気がしないでもないが、日本から出たことのない高校生には新鮮で、くり返し読んだ。

もちろん、外国語にはワクワクした。フランス語については、ワインをテイスティングしたらC'est bon.というものだとあり、いつの日か海外で「本番」が訪れることを想定しつつ、暗記に努めた。フランスの蛇口には注意が必要で、「Cold(冷)」だと思って『C』と書いてある蛇口をひねると、湯が出ます。『C』は仏語の『Chaud(熱い)』の略です。『F』が『Froid(冷たい)』すなわち『水』の略」という説明なんて、実際にそういう表記をパリで目にしたときは、感動すら覚えた。

こうしてみると、わたしが憧れたのは海外の名所旧跡ではなく、ましてやブランド品の購入でもなく、いろんな外国語が飛び交っている環境だったらしい。

『新・スマートな日本人』は、その後も形を変えながら版を重ねたようだが、ふつうの旅行ガイドブックは、使用済みとなれば破棄される運命にある。古本屋に並ぶことも少ない。

だから数年前に東京・神保町の古本屋の店先で、ロシア語で書かれた旅行案内書を見つけたときは、非常に驚いた。

ヨーロッパで旅行案内書といえばドイツのベデカーBaedekerが有名で、現地の古本屋では赤い表紙にドイツ語や英語で行き先が書かれた小型本をよく目にする。一方、わたしが神保町で見つけた本は表紙こそ赤かったものの、ベデカーではない。書名にはФинляндiяとあり、つまりはフィンランド旅行案内書だったのだ。

ロシア語をご存じの方なら、最後から二番目のiの文字が奇妙に思われるかもしれないが、一九一一年の出版なので、革命以前の正書法なのである。

本書はロシア帝国の首都ペテルブルグからヴィボルグ（現在はロシア、当時はフィンランド大公国の都市）経由でフィンランドに向かい、各地を案内する。まえがきによれば、フィンランドを旅行するのに最適なのは六月一〇日から八月二五日だそうだが、考えてみればこの日付も旧暦である。旅行は鉄道や船を使うことが想定され、時刻表も細かく紹介。だが細かいのは文字も同様で、詳細な情報を読みこなすためにはメガネをかけ、旧正書法に慣れなければならない。巻末にはロシア語、スウェーデン語、フィンランド語のミニ単語集が付いているが、そのすべてがキリル文字表記。これをロシア人が読み上げて、通じたとはとても信じられないが、とにかく全編にわたってロシア語なのである。

ただし掲載されている広告は多言語である。たとえばヴィボルグのレストランの広告は、上からドイツ語、フランス語、ロシア語の順番で並んでいた。銀行の広告はスウェーデン語、フィンランド語、ロシア語。広告は文字が大きいからメガネも不要だし、旧正書法でも気にせず拾い読みができる。ホテルの他にもデパートや商店が、カメラ、家具、自転車まで宣伝する。

いずれ感染症が収まれば、再び海外へ行ける日も来るだろう。だが帝政ロシア時代のフィンランドには行けない。わたしは捨てられてしまいそうな本を読みながら、絶対に行けない外国を旅する。

旅行案内書の多言語な広告

時刻表は続くよどこまでも

大学時代、仲間に旅好きの男がいた。みんなで旅行するとなれば、あらゆる準備をやってくれる。口うるさくて文句が多かったが、頼りになる存在だった。

彼は国鉄の時刻表を持っていた。分割民営化以前の話である。旅が滞りなく進むよう、常に確認を怠らない男なのだ。わたしは興味本位で時刻表を貸してもらい、手に取ってページをめくるが、数字と記号が並ぶばかりで、何ひとつ分からない。彼はこんなものも読めないのかと呆れ、外国語以外も勉強しろと説教を垂れながら、時刻表の見方を教えてくれた。後に大手旅行社に就職したのも、納得である。

おかげで最低限のことは覚えたが、一人で国内旅行をすることはなかったし、仲間内で出かけるときは彼に頼りっぱなしだったから、その後も時刻表を使いこなした記憶がない。

むしろ必要を感じたのは海外だった。

洋書店に行けば確実に入手できるのが、トーマス・クックの時刻表である。イギリスで出たオリジナルもあったが、地球の歩き方編集室がまとめたものは日本語解説があって、初心者にはこのほうが便利だ。わたしが買い求めたのはヨーロッパ版で、一九八五年の初海外旅行は、これをバックパックに詰めて出発した。

ギリシアのアテネからユーゴスラビアのベオグラードを目指すときも、この時刻表が役に立った。目指す列車に乗り込めば車内は意外と混んでいて、やっと見つけたコンパートメントには、すでに三人が座っている。ギリシアのおじさん、チェコの老人、オーストリアの青年というメンバーに、わたしが加わる。

席に落ち着けば、これといってすることがない。暇なので時刻表を取り出して眺めていたら、ギリシアのおじさんが見せてほしいという。もちろん貸したのだが、見方が分からないらしく、説明を求めてくる。おじさんはギリシア語の他に、奥さんがチェコ人なのでチェコ語ができるというのだが、当時のわたしはチェコ語がほとんど分からない。そこでおじさんはチェコの老人に応援を頼む。ところがこの老人はチェコ語とドイツ語しかできない。わたしはドイツ語がもっとできない。そこでオーストリアの青年が英語でわたしを助けてくれる。

ということで、ギリシア語↓チェコ語↓ドイツ語↓英語で質問が届き、それに対して英語↓ドイツ語↓チェコ語↓ギリシア語で答えることになった。その途中で老人も青年も自分の意見を挟むものだから、話はなかなか進まない。だが、これこそがヨーロッパなのだと、初海外旅行のわたしは深く感動した。

当時が懐かしくなって、古書でトーマス・クックの時刻表を探してみたが、一九八五年版は生憎見つからなかった。だが時刻表はそういう運命であり、一部のファンを除けば、使用後には捨てるのがふつうだろう。

ところがわたしの手元には、海外の時刻表が1冊ある。*Jízdní řád* ČSD、チェコスロバキア国鉄時刻表一九八一～一九八二年版。わたしが初海外旅行をする以前の発行ということになる。

全八四七ページ。冒頭に地図があり、路線には番号が記されている。これを元に対応する時刻表を調べる。かつて友人に教えてもらったのと同じしくみだ。

日本の時刻表と違うのは、冒頭の「本書の使い方」が多言語である点だ。チェコ語、ロシア語、ドイツ語、フランス語に加え、なぜかエスペラント語まであるのに、スロバキア語がない。フランス語版を例に取れば、「時刻表の見方」Renseignements pour l'emploi de l'indicateur に続く「記号一覧」Explication des signes が面白く、チェコ語版やロシア語版をカンニングしつつ拾い読みする。食堂車はwagon-restaurantで、これはロシア語のвагон-ресторанとまったく同じだな。でもフランス語はwagonの他にvoitureも使うらしい。今はどっちが一般的なんだろう。そんなことを考えたりする。

不思議なことに、これを手に入れたのは現地ではなく、東京の古本屋だった。誰がどういう目的で、外国の時刻表を日本に持ち込んだのだろうか。

そこでかつての自分を振り返る。使い終わった一九八五年のトーマス・クックの時刻表は、その後どうしたか。ヨーロッパで処分してきたのではないか。だとしたら捨てたのは、最後に宿泊したリュブリャーナの可能性が高い。ひょっとして、今ごろは古本屋に並んでいるかもしれないぞ。

次回スロベニアで古本屋を訪れるとき、探してみたくなってきた。

チェコスロバキア国鉄時刻表1981-1982年。

みんなで歌おう愛唱歌集

今は知らないが、かつて日本の小中学校では、全校集会や移動教室などで、何かというと歌を歌わされた。生徒は事前に配られた歌集の指定された頁を開き、声を揃えてみんなで歌う。

その歌集はすでに持ってないし、書名も「愛唱歌集」だか「みんなの歌集」だか、はっきり思い出せない。クリーム色の小型本で、表紙は歌を歌う男女のイラストだったと記憶している。ふつうの書店には置いてなかったが、学校指定の文房具店だったら買えたかもしれない。

小中学校では、意味も分からず外国語で歌うこともあった。その歌集に外国語曲が収録されていたかは覚えていないが、カナが振られた外国語を口にするのは楽しかった。

大型書店の音楽書コーナーで、『世界のうた 増補版』（野ばら社）という歌集を見つけた。サブタイトルに「外国生まれの日本育ち」とあり、中には懐かしい歌も収録されている。配列は国別で、最初はアメリカ。「旅愁 *Dreaming of Home and Mother*」から始まり、フォースターが多く、英語の歌詞を見れば思い出せる曲が多い。そういえば、英語の授業では必ず歌が教えられていた。

ただしこの歌集は英語圏の歌に留まらない。ドイツ、フランス、イタリアなど各国の歌が紹介され、すべてではないが原語にカナつきの歌詞が多い。

フランス編は「アビニョンの橋の上で *Sur le Pont d'Avignon*」から始まる。この歌詞はフランス語も知っているのだが、はて、どこで習ったのだろうか。「粉ひきのおじさん *Meunier, Tu Dors*」はラジオ講座で覚えた。驚いたのは「クラリネットをこわしちゃった *J'ai Perdu le Do de Ma Clarinette*」がフランスの曲であること。だがこれにはフランス語の歌詞がついていなかった。残念。

他にもビゼーの『アルルの女』より「王の行進 *La Marche des Rois*」とか、アダモの「雪が降る *Tombe La Neige*」なんかも挙がっている。曲はすぐに浮かぶが、それにしてもこういうのは、みんなで合唱するものだろうか。

ある大学のオープンキャンパスでフランス語の模擬授業があった。参加した当時の高校生によれば、フランス語の紹介のあと、みんなで「おお シャンゼリゼ *Les Champ-Elysées*」を合唱したそうで、それがたまらなくて、後に別の言語に専攻を変えたという。その気持ち、分かる。

実をいえば、わたしもコテコテのロシア民謡は苦手だ。とくにみんなで合唱する歌声喫茶文化について行けない。

思うに、歌にはみんなで歌う歌と一人で歌う歌があり、これを間違えると限りなく恥ずかしいのではないか。

一方で、外国語学習ではみんなで歌う歌が付きものである。

キエフでウクライナ語の夏季集中研修を受けたのは、今から三〇年近くも前のこと。配布された教材の中に『一〇〇の愛唱歌 *Сто улюблених пісень*』という歌集があった。クラスのレベルに関係なく、全員に同じものが配られたらしい。珍しく捨てられることなく、今も手元にある。

授業でいくつか習ったのだが、今ページをめくっても、覚えているのはОй на горі「おや、お山の上には」だけである。

おや、お山の上には　ライ麦が
そこにいるのは　小さなウサギ
小さな足で　ピョンピョンと

民謡は指小形や方言形が難しく、これだ

ウクライナ語夏季集中研修でもらった歌集

け訳すにも辞書を引きまくった。子どもの歌らしいが、スラブ圏ではわらべ歌を大人が歌うことは珍しくない。ビアホールで大合唱になったりする。つまりはみんなで歌う歌なのだ。

さて夏季集中研修では、週末になると遠足に出かける。その際にも歌集は必携であった。バスの中で歌うためである！

世界各地から集まった若きウクライナ研究者が、お山のウサギさんを歌う。確かにみんなで歌う歌だが、誰もがやる気ない。そもそも日々の課題でみんな疲れていた。わたしもそうだった。

ところが一部に、やたら元気なウクライナ人がいた。聞けば音楽の先生だという。その発声法は西洋式と違い、胸にビンビンと共鳴させるため、歌声はマイクなしでもバス中に響き渡る。

これがウルサイのだ。

お山のウサギさんだけでなく、歌集に掲載されている曲を二〇分でも三〇分でも歌い続ける。研修生の多くは頭痛がしてくるが、バスだから逃げ場がないし、音楽の先生は一向に意に介さない。さあ、みんなで元気に歌いましょう！　地獄だ。

これに比べれば*Les Champ-Elysées*の合唱のほうがマシではないか。

いや、やっぱり一人で歌いたい。

教科書が宝物という気持ち

　前回の歌集と同様に、手元からいつの間にか消えてしまうのが教科書である。まとめてどこかに仕舞い込んで、あとはそれっきり。

　ところで、わたしの付き合っているヨーロッパには、教科書が専門の古書店がときどきある。プラハだと、カレル広場から近いミスリコバー通りの古本屋さん。八月末に訪れると、新学期が目前に迫る生徒たちが教科書を求めて押し寄せる。一般の書店では同じものの新品が売られているが、少しでも安く手に入れたい気持ちは、いずこも同じ。

　旧ソ連などの教科書を開くと、最終ページには氏名と学年、使用開始日と終了日を書く欄がいくつも並んでいる。一年間使ったら先生が回収し、翌年には別の生徒に再配布したのだろうか。「もったいない」精神である。

再び活躍する日を待つ教科書は、一般の書棚には並ばない。生徒たちが店員に「化学Ⅱ」とか「英語Ⅲ」のように科目名を告げ、店員はそれに応じて奥から持ってくる。一度使われた教科書だから、書き込みがあったり、表紙が折れ曲がっていたりするので、生徒はなるべく奇麗なものを選ぼうと、その眼差しも真剣になる。

とはいえ、教科書のリサイクルには限界がある。いくら美本であっても、学校で使われなくなったら、現役の生徒には不要。そうなると一般の棚に置かれ、わたしでも手が届くようになる。

もちろん興味があるのは外国語。旧チェコスロバキア時代の教科書は、ロシア語はもちろん、英語やドイツ語もなかなかよく出来ており、参考資料として、あれもこれも欲しくなってしまう。ただし値段は安いが嵩張るので、ここは慎重に選ばなければならない。

ミスリコバーの古本屋で買い求めたフランス語の教科書が、手元に二冊ある。書名はどちらも *Francouzština 1*、つまり『フランス語1』で、発行も同じ国営教育出版局だが、一冊は「中等学校一年生用」（一九八四年）で、他方は「外国語学校用」（一九八六年）である。

中等学校用の教科書は、全編に亘ってほとんどフランス語のみで、チェコ語は単語や文法解説の一部に留まる。「これは誰ですか」「これはベルナデットです」Qui est-ce? — C'est Bernadette. といったやさしい表現をくり返す「習うより慣れろ」方式。会話文と練習問題が中心で、登場人物はほとんど中学生。ちなみに巻末にはお約束どおり、氏名と学年、使用開始日と終了日を書く欄があった。

一方の外国語学校用は、大人が通う夜学などを想定しているらしい。こちらはチェコ語がずっと多い。冒頭の文字と発音編は、次のような文で始まる。

「口語表現を理解し、自分のいっていることが分かってもらえるように話したければ、よい発音を身に付けなければなりません」

テキストは会話だけでなく、叙述文も多い。チェコ人のソバ夫妻とフランス人のマルタン夫妻の交流が描かれるが、チェコ人がパリに行くのではなく、フランス人がプラハにお越しになるという設定がリアルである。

文学も盛り込まれる。すでに第三課では「ここにはたとえば、ビクトル・ユゴーの長編小説『レミゼラブル』があります」Ceci, par exemple, est un roman de Victor Hugo: *Les Misérables*. から始まって、バルザック、ゾラ、ロマン・ロラン、モーパッサン、ルイ・アラゴンといった大物が紹介される。中にPaul Eluardという詩人がいて、教養のないわたしには初耳だったが、その経歴を知れば、当時のチェコスロバキアでアラゴンと並んで好まれたことも納得できた。

こういう古い教科書を読んでいると、楽しいのはなぜだろうか。その理由のヒントが、「ふらんす」二〇二一年に連載された「タムタムの国ギニアから」にあった。

四月号で、『ママドゥとビネタが読み書きを勉強するよ』《*MAMADOU et BINETA apprennent à*

lire et à écrire》というフランス語教科書が紹介されていた。西アフリカの暮らしの様子や生活用品の可愛らしいイラストとともに、フランス語が学べるこの教科書は、「ギニアの人たちにとっては、子どもの頃の思い出が詰まった本なのではないでしょうか?」

なるほど、これだ。わたしが古い教科書を求めているのは、激変してしまった国に暮らすチェコ人の思い出を、お裾分けしてもらいたいからではないか。あるいはかつての教科書を失ってしまったことへの、罪滅ぼしなのかもしれない。

いずれにせよ、デジタル教科書を推進したくてたまらない人たちには決して理解できない、別の価値観がここにある。

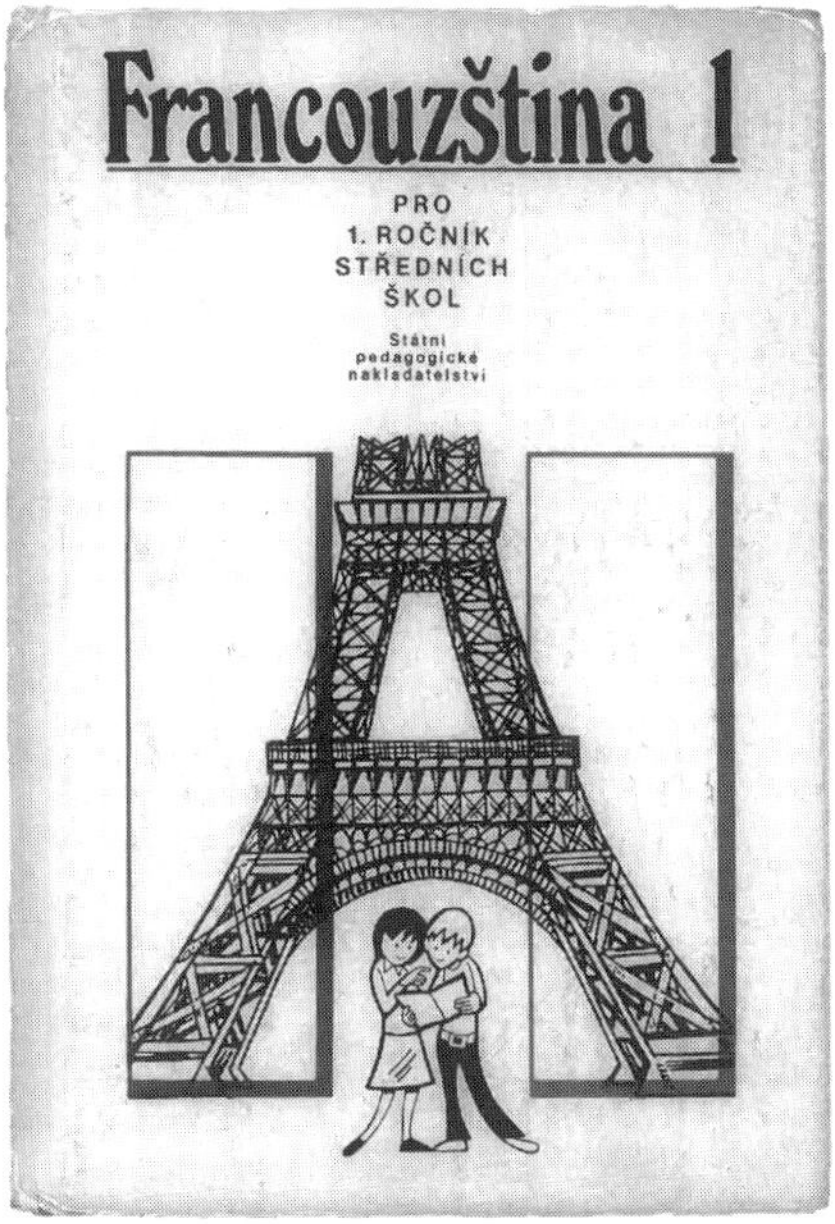

チェコスロバキア時代の中等学校1年生用フランス語教科書

試験対策は何処も同じ

多くの人がふつうにできるのに、わたしにはできないことがたくさんある。

電子レンジを使うと食品が黒焦げになる。剃刀で髭を剃ると血まみれに。いまどきスマホを持っていないから、当然ながら使い方が分からない。

車の運転もできない。自分で運転しようなんて、考えたことさえない。都心に住んでいるので公共交通機関を使えば済むし、ビールをこよなく愛する者は運転なんかしない方が、世のため人のため自分のためである。

だが一方で、道路標識は子どもの頃から好きだった。香山美子・文、杉浦範茂・絵『ルールくん』（国土社）の裏の見返しにあった「いろいろな交通標識」は飽かず眺めた。自宅近くの環状七号線や、図書館へ行く途中でバスの車窓から一瞬だけ見える道路標識を楽しみにしていた話は、すでに他で書いた。

この気持ちは今でも変わらず、ヨーロッパの街を歩いているときも、道路標識が気になる。日本とはデザインが違うので、これはどういう意味だろうかと推測するのが楽しい。

道路標識一覧がデザインされた下敷きやクリアファイルも好きだ。フランス語で「道路標識」を意味するpanneau de signalisationでネット検索してみたら、道路標識がデザインされたカーテンがあって驚いた。驚くとともにちょっと欲しくなる。通販を利用すれば、購入も可能らしいが、カミさんが何というか。

わたしは道路標識を美しいデザインとして愛でているわけだが、本来は交通規則を遵守するための、きわめて実用的なものである。とくに運転免許を取得しようと思ったら、デザインに見とれてないで、それぞれの意味を頭に叩き込まなければならない。

チェコの古本屋で『図説道路交通規則集』*Pravidla silničního provozu v obrazech*（一九六一年）という小型本を見つけた。読者対象はすでに運転免許を取得した者で、交通ルールを復習させるのが目的らしい。全ページがカラーで、道路標識も美しく印刷されている。もちろんお目当てはこれだが、それだけでない。トラックの各部名称とか、右折、左折、直進のどれが優先されるかとか、図を使って説明していて、そちらも面白い。

ただしこのチェコ語は難しい。日本語で知らないものが、外国語で分かるわけがない。読めば読むほど、自分の語学力に自信が持てなくなる。

そこで道路標識にターゲットを絞る。本来の興味はこちらだ。赤い三角は注意を促し、これが丸になると禁止を意味する。添えられた説明はそれほど長くないから、ときどき辞書を引けばナントカなる。自信が回復する。

似たようなものをスロベニアの古本屋でも見つけた。『交通規則 練習問題集』*Prometni predpisi, testi za vajo*（一九六七年）は、選択問題を通して運転免許取得のための知識を確認する実用書。文章問題の他にも、道路標識の意味や、右折、左折、直進の優先順位に関する図版を使った問題があり、こういう部分はカラー印刷だ。

牛らしき動物が描かれた三角形の標識の意味が問われ、1. 荷物運搬用動物の通行禁止、2. 放牧禁止、3. 路上に家畜あり、の中から選ぶ。解答は巻末に番号で挙がっているが、前の持ち主が鉛筆書きで答えを書き込んでいるので、すぐに分かる。答えは3だそうな。

前の持ち主は几帳面な性格だったらしい。全問題に解答が書き込まれているだけではない。距離や時間を求める問題には、計算式まで残っている。いったい何の計算なのか、ちょっと興味があるが、そういうスロベニア語は難しいし、そもそも多くの人がふつうにできる計算がダメなわたしなので、諦めるしかない。

自分用に書き込んでいる記号もある。「！」は自らに注意を喚起しているのだろう。間違いやすい問題だから注意せよ。これだけで充分に道路標識的だ。

だが「？」は何を意味するのだろうか。なんでそういう答えなのかという疑問かもしれない。中には「？？？」と三連続もある。追い越しの優先問題に多い。どうして左折するトラックよりも直進する乗用車の方が優先されんだよ、納得いかねーぞ、ということだろうか。

それでもこれだけ律儀な人だから、きっと試験に合格して、その後は旧ユーゴスラビアのよきドライバーとなったに違いない。

ご用済みとなった練習問題集は、当然ながら古本屋に売り渡した。捨てたも同然の本が日本で読まれているなんて、本人が知ったら、まさに「？？？」だろう。

チェコの交通規則集

白黒の切手カタログ

一九七〇年代の子どもとして、当然のように切手の収集をしていた。といってもお金はないから、家に来る郵便物から剝がすとか、友だちと交換する以上のことはできず、極めて質素なものだった。叔父が商社に勤めており、頼んでおくと会社に届く郵便物に貼られた切手をくれた。そのほとんどが外国切手。外国への興味が強かったわたしは、どこの国の切手なのか、知りたくてたまらない。

当時バイブルのように信頼していた大谷博『切手集め大作戦』（朝日ソノラマ）には、巻末ふろくに「世界の切手発行国（地方・植民地）」という一覧があり、そこには「切手に入っている文字（一九七二年現在）」が挙がっていた。これを参考に発行国を一枚一枚追究し、さらにその国の位置を世界地図で確認する。ときには友だちの分まで調べてやる。この作業がいちばん楽しかった。

時が流れ、切手収集はいつしか忘れてしまったが、未知の文字表記を読み解く作業は、仕事の一部となって今日に至る。

文字に熱心な反面、図版には関心が薄い。本を書くようになって、担当編集者から図版を求められても、手元にはロクなものがない。写真は下手だし、蔵書は表紙が地味な専門書ばかり。やっと見つけた図版候補は、「著作権の問題」があって使えないという。

そこで切手の再登場となった。切手ならば著作権を心配せずに使える。しかも現地の文化を伝えるデザインが豊富。わたしとカミさんは関係国の切手をせっせと買い集め、図版としていつでも提出できるように整理した。一般的な切手収集家（フランス語でphilatéliste）とは目的がかなり違っている。カミさんが書いた『スロヴェニア語文法』（三修社）に掲載されている切手も、わが家の「図版候補コレクション」の一部である。

切手を真面目に収集するとなったら、欠かせないのがカタログである。切手カタログには現在の流通価値を調べるだけでなく、発行年月日から発行理由、種類などについての情報がまとめられている。詳しいのは変種の分類。印刷されたデザインの微妙な違い、加刷された文字の差異などが、細かく分類される。

集めて分類するのは科学の基礎。切手収集は科学である。

世界の切手カタログとしては、アメリカのScott、イギリスのGibbons、ドイツのMichel、フランスのYvert&Tellierあたりが有名だが、自国の切手に限ればどこでも発行しているのではなかろうか。*Ilustrowany katalog znaczków polskich 1974*はポーランドの切手カタログ。日本の古書店を通して購入した。かつて日本の切手愛好会がまとめて入手した一〇冊のうちの一冊らしい。カタログのページを捲れば、例によって詳細な情報が説明されている。忘れかけているポーランド語を思い出すのにちょうどいい。

だが欠点が一つ。古い切手カタログは白黒印刷で、図版が分かりにくい。

もちろん新しいものはそんなことない。*Katalog polskich znaków pocztowich 2011*は現地を訪れた際に買い求めたのだが、全ページがカラー印刷である。種類や変種についても、カラー図版なら一目瞭然だし、何よりも美しい。

そこで気がついた。わたしは図版としての切手を求めている。だったらカタログで充分ではないか。

いや、よく考えてみればこれは微妙で、切手そのものは著作権として問題なくても、切手カタログに掲載された切手には気を遣わなくてはならないかもしれない。それでもカタログを元に切手のデザインと説明を把握すれば、通販で探すときにも便利ではないか。

カタログを買い集めよう。

先日Yvert & Tellierの二〇〇七年版を、ネット書店を通じて入手した。多巻本のうちの第一巻・フランス編だけだが、カラーの図版を楽しみながら、フランス語を拾い読みして楽しんでいる。

毎年のように新版が発行される切手カタログ。こればかりはカラーの新しいものに軍配が上がり、古いものは価値がなくて捨てられる運命なのか。

いや、そうでもない。

たとえば主にスウェーデンで活躍したポーランド人の版画家チェスワフ・スワニャCzesław Słaniaは、切手のデザインでも有名だが、初仕事である一九五一年ポーランド発行のパリコミューン八〇周年記念切手について、スワニャの名前が挙がっているカタログは一九七四年版だけ。これは貴重な情報だ。

ほらね、やっぱり古いカタログも捨てられない。

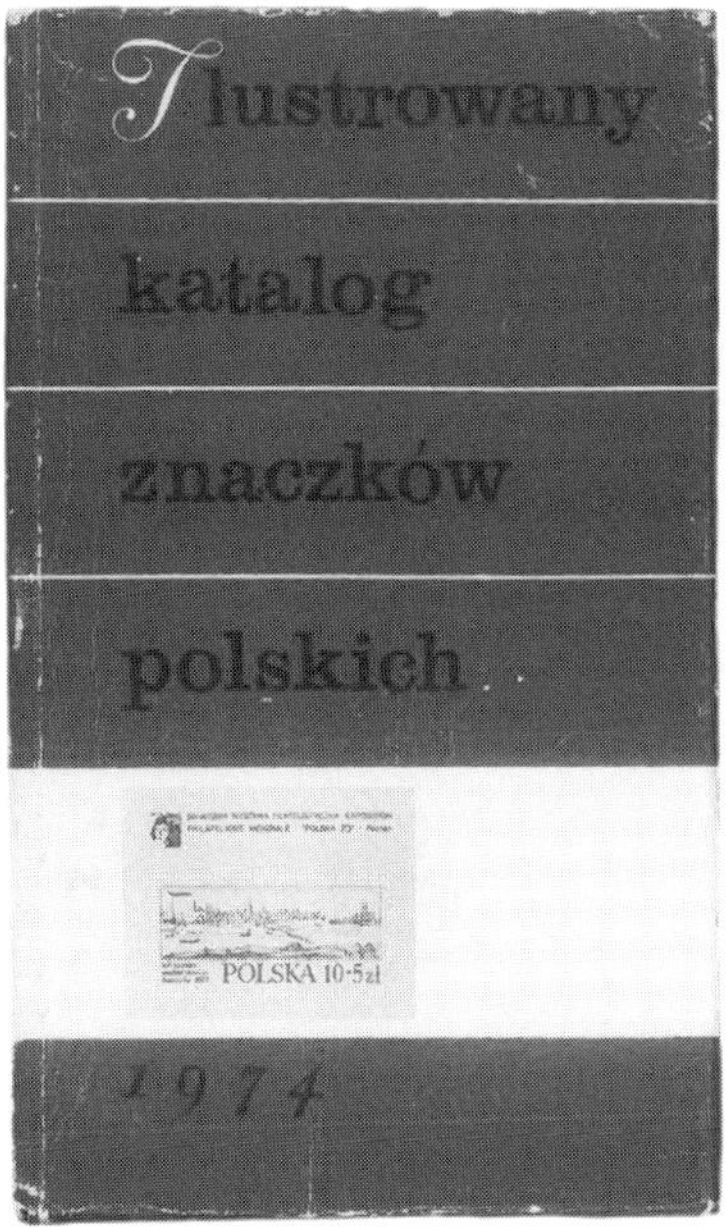

ポーランドの切手カタログ1974年版

いろんな言語で「一コルナ」

七〇年代のドラマ『刑事コジャック』のＤＶＤをくり返し観ている。ストーリーの面白さはもちろん、コジャック自身がギリシア系で、ときどき現代ギリシア語の響くところが、わたしには興味深い。

金持ちの夫人が殺され、ローマ時代のコインが盗まれる話があった。捜査してみれば似たような事件が他にもあり、被害者は「貨幣収集家numismatic」だという。この報告にコジャックが「何だと？」と聞き返せば、部下のスタブロス（彼もギリシア系）は「コインを集めているヤツcoin collector」といい換えて説明する。

フランス語ではnumismatique、古銭やその収集家を意味する形容詞は、ラテン語のnumisma「貨幣、硬貨」まで遡ることができる古い語彙。ラテン語辞典にはnumismatica「古銭学」という単語さえあるくらいで、歴史も古い。そのコレクションは収集の王道といえる。

いまはヨーロッパを旅行しても、受け取るコインはユーロが多くなってしまったが、かつては使い切れずに日本へ持ち帰った硬貨をよく見てみれば、デザインがなかなか面白かった。ではコインの言語はどうかといえば、あまりにも狭い面積のため国名と額面で精一杯であり、それほど興味を引かない。そもそもコインは印刷物ではない。

そこで紙幣である。

現代からすれば、硬貨より紙幣の方が価値のあるように感じるかもしれない。しかし古いものとなると、金や銀といった貴金属を含むことがある硬貨と違って、すでに使用されなくなった昔の紙幣は、よほど珍しいものでなければ単なる古い紙きれである。

ソビエト時代末期から連邦崩壊後の、今では使えないロシア紙幣が手元にたくさんあった。しおり代わりに使ってねと、ロシア語を履修している学生にあげたこともある。学生の中にはお宝ではないかと密かに調べた者がいたらしいが、インフレ時代のロシア紙幣なんて、紙くず同然で、何の価値もない。安心したまえ。

紙幣の魅力は意外と多言語なところだ。旧ソ連時代の紙幣は一五共和国すべての言語で額面が記載されていた。ロシア語は大きく、その他は小さな文字で「一ルーブリ」とか「五ルーブリ」と印刷されており、何語なのか判別するために、じっと目を凝らす。ウクライナ語やベラルーシ語はすぐ分かり、文字が特徴的なグルジア語やアルメニア語も判断できるが、キリル文字で表記された中央アジアの言語となると、急に自信がなくなる。

いずれにせよ、古い紙幣をしおりに使うというのはなかなか楽しいので、安ければときどき買ってみる。そこにはときに発見がある。

あるときプラハの古道具屋で買い求めたチェコスロバキア時代の一〇コルナ紙幣。よく見ればスロバキア語しか書いてない。これはいったいどういうことか。

こういうときはカタログで調べる。

チェコで買い求めた紙幣カタログは、一九一八年以降のチェコスロバキア紙幣に加え、一九九三年の分離以降のチェコおよびスロバキア紙幣を紹介する。言語に注目しながら時代順に追っていくと、これがなかなか面白い。

まずオーストリア=ハンガリー帝国から独立したばかりの頃の紙幣は、ドイツ語とハンガリー語が主である。しばらくするとチェコ語やスロバキア語でも表記されるが、中にはキリル文字があって、果たしてこれはロシア語なのか、それともルシン語など他の言語なのか、判断がつかない。一九三〇年代の末では、ドイツ保護領になったチェコの紙幣はチェコ語とドイツ語の併記だが、ナチ傀儡政権の独立スロバキア紙幣はスロバキア語である。「一コルナ」などと書いてあるだけに過ぎないが、わたしには紙幣が硬貨以上に、歴史をことばで雄弁に物語っている気がする。

こんなに楽しい紙幣カタログだが、額面がどんな言語で表記されているかについては何も書いていない。わたしにとっては、謎が深まるばかりである。

古代ローマのコインと違い、ナチ時代や戦後チェコスロバキア時代の紙幣にはそれほどの価値はない。そのカタログにしたところで、新年度版が出れば消える運命。紙は何もかも儚い。その儚さが愛おしくもあるのだが。

再び硬貨について。numismaticaというラテン語は、さらに古典ギリシア語のνομισματικήにまで遡れるらしい。時代は違うが、ギリシア系刑事コジャックにはnumismaticが分かってほしい気もする。

それで思い出した。以前ギリシアを旅行したときに残ったドラクマ札が、どこかに残っていたはずだ。探し出して、ギリシア語文法書のしおりにでもしようかな。

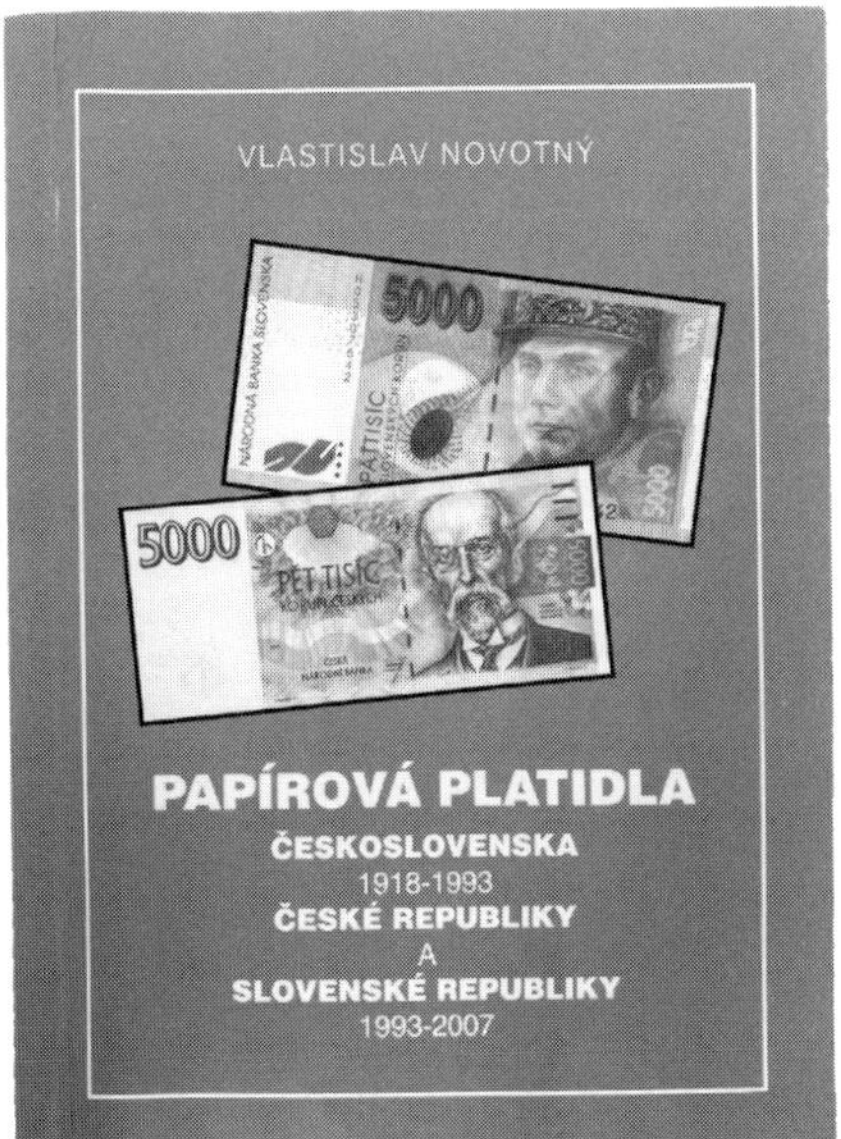

チェコスロバキアの紙幣カタログ

なぜか穏やかな戦時中の暦

年末になると、カレンダーと並んで書店に並ぶのが暦である。昔、祖母の部屋に高島易断が置いてあった。開いてみれば見慣れぬ漢字や未知の記号が並び、不思議な気持ちで眺めていた。

壁にかけて捲っていくカレンダーと違い、一年分の情報を一冊にまとめたこのようなムックは、暦とか年鑑といえばいいのか。年鑑は英語でyearbookだが、これは「高校卒業アルバム」という意味もあり、今回のテーマはむしろalmanacのほうが相応しいかもしれない。フランス語でもalmanachといえば、一枚物のカレンダー以外に、暦や年鑑の意味になる。

ところがわたしが東欧で見つけた年鑑は、アルマナックではなくカレンダーというタイトルが付けられていた。

プラハの古道具屋で見つけた*Kalendář národní politiky*は、直訳すれば「国民政策年鑑」となろうか。何やらものものしい名称だが、中を開けば一か月ごとの祝日や農事暦から始まり、それに続いて旅行ルポや短編小説など、多種多様な読み物が掲載されている。一年間の長きにわたって使われるのだから、ときどき開いて楽しめる記事がほしいのだろう。

その記事だが、一つ一つが長くて文字も小さい。詳細に読み解くのは面倒だ。あちこちに散りばめられた「ユーモアの種」という笑い話は短いが、よく理解できなくて、結果として笑えない。いい忘れていたが、この年鑑は一九四二年版である。当時の背景を知らないから、笑い話だって当然ながら笑えないのではないか。

そこでふと気づく。一九四二年のチェコスロバキアといえば、ナチス支配下のベーメン・メーレン保護領時代。第二次世界大戦中の緊張した時代背景が、この年鑑にも反映されているのではないか。そう考えて読み直すのだが、とくにそのような記述は見当たらない。写真には軍服姿さえなく、広告は新製品を平和に紹介するばかり。そもそもドイツ語はまったくなくて、完全にチェコ語なのだ。唯一、カレンダーの四月二〇日の項には、ヒトラーの誕生日であることが記載されていた。ただ誕生日については、当時の大統領エミール・ハーハのも挙がっているから、それほど突出したことではない。全体にのんびりムードである。

他の国の年鑑はどうか。スロベニアで買い求めた「家庭年鑑」*Hišni koledar*は一九四三年版である。

表紙は鳩とオリーブがデザインされ、そこには畑へ出る農民やボートをこぐ若者たちの長閑な風景。同じ時代にパルチザンが闘っていたとはとても思えない。

ところが表紙を捲って驚いた。口絵ページいっぱいに広がるヒトラーの写真。ふだん歴史書などで見かけるものに比べその表情は穏やかだが、こちらは心穏やかではない。これが日本へ持ち出せるか心配になってきた。一六・五ユーロも払って手に入れた年鑑が、空港で没収されたらどうしよう。正直なところ、欧州出国の際は内心ドキドキしていたことを、ここに告白する。

帰国後に改めて読んでみれば、その構成はチェコの年鑑に近いが、ひとつ大きな違いがあった。半分以上がドイツ語なのである。広告もスロベニア語との二言語表記。四月二〇日は「アドルフ・ヒトラー誕生日」Geburtstag Adolf Hitlersとある。やはり戦争中の厳しい時代背景が反映されているのか。だがカミさんにこれを見せれば、出版地をよく見ろとのこと。そこにはケルンテン、つまりオーストリアの州の名前が印刷されていた。ここは現在でもスロベニア人が多い地域であり、当時からドイツ語とスロベニア語の両言語で年鑑が発行されても、何の不思議もない。

ドイツ語とスロベニア語が交互に飛び交う記事を眺める。アルプスの南に位置するこの州らしく、雪を頂いた山の風景写真が多い。短編小説があったり、スロベニア人向けのやさしいドイツ語講座があったり、実に平和である。

暦や年鑑はこれからの一年を記載するものだろう。ところが偶然に入手した戦争中のものは、まるで現実から目を背けるかのように穏やかだった。とはいえ、そんな感想を持つのは、わたしに行間が読めないからという可能性もある。ふつうは捨てられる運命にある年鑑が折角手に入ったのだから、少々難しくても懸命に読んだ方がいいのかもしれない。

ちなみにスロベニアではもう一冊、「スロベニア解放戦線年鑑」*Koledar osvobodilne fronte Slovenije*の一九四七年版も購入したのだが、こちらは政治イデオロギー満載。すべての年鑑がのんびりしているわけではないらしい。

スロベニアの「家庭年鑑」1943年版

昔の名前でちょっと出ています

高校一年生のときの地理教師ほど退屈な男には会ったことがない。授業中は自分のノートをただ読み上げるだけ。クドクド話して、最後は必ず「簡単ではありますが」といってから次の節に移る。柔道部の顧問で体格がよく、怒らせると机を空手チョップで叩き割るとの噂があったが、あんな気弱そうな男にそんなことができるものか。生徒はみんな勝手なことをやっていた。

わたしも授業を熱心に聴く気にはなれず、いつも副教材の『標準高等地図』（帝国書院）を眺めていた。外国に興味があったから、地理はむしろ好きなのだ。ただ遠い異国の産業には興味がない。小麦の輸出高とか、ボーキサイト（が何なのか未だに理解していないが）の産出量はどうでもよかった。ひたすら地図を眺め、見知らぬ国や都市の位置や名前を覚え、そこにはどんな暮らしがあるのか、ひとり想像して楽しんだ。
今でも暇なときに地図帳を眺めている。海外の書店を訪れても、地図帳のコーナーへ自然と足が向く。

ごく最近に買ったばかりだと考えていたロシアの『世界地図帳』*Атлас мира*は一九九七年の発行だった。ソビエト崩壊後の地図帳は、かつての教育目的から海外を目指す人向けの旅行ガイドブックに替わったのか。巻末には世界各国の基礎知識から始まって、大使館の所在地、電話の国番号、さらには「海外旅行のヒント」といった便利情報が並ぶ。モスクワの旅行社住所録は分かるけど、度量衡一覧では1kmが一〇〇〇mだというを、わざわざ挙げているのは理解に苦しむ。

巻末がどんなに充実されようと、地図帳の本領は地図で発揮される。しかもロシア語の地図帳では、世界中の地名がキリル文字で表記されているのだから、これを面白がらない手はない。

たとえばフランス。Пари́жがParisであることは、ロシア語の教科書にもときどき登場する地名だから問題ない。だが①Марсе́ль, ②Лио́н, ③Тулу́за, ④Грено́бль, ⑤Ни́ццаあたりになると、中には見当のつかない地名さえある。キリル文字の読める方は解読に挑戦してはいかがだろうか。最難関は⑤だろう（解答は本文最後）。

さて、地図帳は地理の時間や海外旅行に限らない。実用的なものとしては、道路地図帳があった。「あった」と過去で表現するのは、今やカーナビのおかげでほとんど利用されなくなったからだ。だがほんの少し前までは、道路地図帳はドライブに欠かせない必需品で、車には必ず積んであり、助手席に座る者はこれを的確に読み解いて、運転手に正しい道を示すのが義務だった。一方で、わたしは世界地図なら読めるのだが、道路地図はまったくダメだった。自分のスケールが大きすぎるためだと思うが、運転する友人からは役立たずといわれた。

そんなわたしが、数年前にプラハの古本屋で『チェコスロバキア社会主義共和国道路地図帳』*Autoatlas ČSSR*を買った。一九七一年版だが、これには理由がある。

わたしが付き合っている旧ソ連・東欧地域は、二〇世紀の終わりに地名の改編が続いた。だが旧ソ連を除けば、東欧諸国に足繁く通うようになったのは地名が変わった後である。モスクワやペテルブルグの地区名や通り名が変わって戸惑うことはあっても、プラハは元を知らないから、とくに困ることはなかった。

ところがチェコ語で少し本が読めるようになると、古い地名があれこれ出てくる。映画を観てもそうだ。プラハ市内については古本屋で社会主義時代の地図を買ったからいいが、チェコスロバキア社会主義共和国については、半世紀前の道路地図帳がよいのではないか。

だが詳細に眺めてみれば、都市名の変更はゴットワルドフGottwaldovがズリーンZlínに戻ったくらいで、違いは少なかった。そんなものか。

それより面白かったのは巻末である。社会主義時代の実用一点張りに見える道路地図帳だが、巻末には各地の名所旧跡やホテル案内のほか、ガソリンスタンドや自動車修理工場の住所一覧、さらには出入国可能な国境ポイントまで紹介される。しかも要所要所にロシア語、英語、ドイツ語、フランス語による説明がつく。外国からの観光旅行者も歓迎らしい。

どうやら地図帳と観光情報は、切っても切れない関係のようだ。『標準高等地図』にそんな話題が掲載されていたら、わたしの地理の時間はもっと充実したものになっていただろう。

キリル文字によるフランス地名解答。

①Marseille, ②Lyon, ③Toulouse, ④Grenoble, ⑤Nice.

ちなみにニースはプロバンス語でNiça、Nissaだそうです。

『チェコスロバキア社会主義共和国道路地図帳』

百科事典を読む横で

ここ一年近く、カミさんは毎晩のようにスロベニアの百科事典を読んでいる。基本的には寝るまえに、ベッドに横になって少しずつ。どのくらいのペースなのか知らないが、しおりの挟んである箇所を見れば、先はまだまだ長いことが窺われる。

買い求めたのは二〇一九年のリュブリャーナ。川沿いにあるその古本屋は、週末にならないと開店しない。店内には本が乱雑に積まれ、足の踏み場もないほどだが、とにかく数は多い。

店先には投げ売り本コーナー。こちらもかなりの量で、簡易式の本棚やワゴンがいくつも並ぶ。どれも一冊一ユーロ。その中にユーゴスラビア時代の百科事典を見つけた。『ツァンカル社百科事典』*Leksikon cankarjeve založbe*は一九七三年発行で、中身はスロベニア語である。一巻本とはいえ、その厚さは六センチを超え、当然ながら重量もある。だが欲しくなってしまったのは、カミさんではなくわたしのほうだった。

百科事典に限らず、辞書類は古いものが見向きもされない。最新版こそが正しい情報だと広く信じられているため、昔の版は価値がないと思われているからだ。

国によっては、これにイデオロギーが加わる。スロベニアのように体制が大きく変わった地域では、古い百科事典の記述内容が、現代の観点からすれば容認しがたいものもあるのだろう。これは旧ソ連の諸共和国の百科事典でも変わらない。人によっては、そういう時代の百科事典には噓ばかり書いてあるから、価値なんてまったくないと声を荒らげる。

だが、そうでもない。

古い百科事典や外国語辞典には別の価値がある。当時はこの記述が正しいとされていたという事実だけでも興味深い。他にも、かつて英雄視されていた人物が今ではすっかり人気がなくなってしまったりすると、古い百科事典で調べなければ情報が得られないこともある。

岩波書店の露和辞典には戦前の古い版があるが、これには巻末に中国の主要地名とそのロシア語の対応表が挙がっている。この時代の文献を読む際にはそれなりに役に立つのだと、ロシア史を専門とする先輩たちから大学院生の頃に教えてもらった。

だがそういう価値の分かっている人は少ない。おかげで古書の値段も破格に安いが、消えていくスピードも速いから、今のうちに買い集めなければならない。そうやって入手した、旧体制時代の百科事典や外国語辞典、あるいは時代遅れの言語学書などが、狭い拙宅をさらに狭くしている。

他人から見れば邪魔なだけの本も、わたしにとっては貴重な史料。けっこう面白いことが書いてあるのに、日本では読める人の限られている言語で書かれているので、利用できる人は少ない。おかげでこのネタの宝庫を独り占めしている。誰も羨ましくないだろうけど。

この連載の図版のため、『ツァンカル社百科事典』を借りたかったのだが、カミさんから「毎晩読んでるんだからダメ」と断られてしまった。あらら。そこでカバーだけを借りることにする。表紙はフクロウをデザインしたもので、もちろん知の象徴である。

横でスロベニアの百科事典を読んでいる姿を眺めていると、わたしも何か読みたくなった。何かないかと探してみれば、その昔に買ったラルースの*Dictionnaire du français langue étrangère*が見つかる。おお、思い出したぞ、これは外国人学習者用のフランス語辞典で、大学院生の頃に洋書店で見つけて、どうしても欲しくなってしまった本だった。レベル別の二巻本だが、一巻四〇〇〇円近くもしたので、niveau 1だけしか買う余裕がなかった。

それでもこれを手にしたときは感激したものだ。全ページに洒落た一コマ漫画が満載。これが分かるようになりたいというのが、そのときのフランス語学習の動機といっても過言ではなかった。こんな素晴らしい外国人向け辞典は、ロシア語はもちろん、英語だってなかなかないんじゃないか。

同じものの縮刷版が日本で出ているが、視力の衰えつつある身にはオリジナルのほうがありがたい。それでも充分に小さい字だが、一コマ漫画を理解すべく、これからノロノロと読んでいくとしよう。

こういうイラストが入った辞典は、電子書籍化が難しいかもしれない。だとすれば、この辞書もいずれは消えてしまう運命なのだろうか。

こんな感じで、読み捨てられる本を救出する日々が、今日も続く。

『ツァンカル社百科事典』表紙のみ。

第iv章

外国語をめぐるミステリー

「る」で始まる、「る」から始まる

かつて家にあった玩具のことを、今でも覚えている。

五十枚あまりの木片。一辺が四、五センチで正方形、厚さは一センチくらい。裏にはアイウエオが一つずつ、表にはそれに因んだ単語とそのイラスト。いわゆる知育教材である。積み木としても遊べるが、幼い頃のわたしはむしろ、一枚一枚を飽かず眺めていた記憶がある。

小学校入学前にはひらがなが読めたが、その玩具で文字を覚えたわけではない。単語も知っていた。こういう玩具は、子どもに身近な単語を選ぶのだから、知っているに決まっている。

だが一枚だけ、未知の単語があった。

るりかけす。

親に尋ねてみると、鳥の種類だという。確かに頭の青い鳥が描かれている。それにしても、なぜそんな珍しい鳥を選んだのか？　瑠璃という紫がかった青色以前に、都会の子どもには、かけすという鳥がそもそも分からない。

大人になった今では、日本語では「る」で始まる単語が限られていて、製作者はみんな苦労して探していることが想像できる。いや、子どもの頃から想像していたかもしれない。その証拠に、ひらがなを教えるアイウエオ教材では、「る」だけがいつも難しい単語となってしまい、どこか無理がある。

だからこそ気になった。

以来、わたしはアイウエオ教材を見つけると、「る」を調べるようになった。

もっとも多かったのは「るびー」ではないか。子どもの頃に限らず、大人になった今でも宝石とは縁のないわたしだが、アイウエオ教材のおかげで単語だけは覚えた。

それから「るすばん」。これはイラストが難しい。退屈そうな顔をした子どもが室内にいる姿が多い。あるいはオオカミと七ひきの子ヤギ。時計の中に隠れるなんて、いったいどうしてできるのだろうかと、家にある小さな振り子時計を見上げながら考えていた。

おっと、話が逸れた。

ときには「さる」とか「いるか」のように、語頭ではなく語末や途中で「る」が使われている単語を挙げるものがあった。わたしはそれを邪道として切り捨てた。アイウエオ教材たるもの、最初の文字で統一すべきである。

探し求めているうちに、だんだん「る」が好きになった。

もちろん、実用的な目的もある。しりとり遊びだ。日本語の単語は「る」で始まるものが少ない一方で、終わるものは「さる」「つる」「かえる」「みそしる」など数多い。しりとり遊びの必勝法は、「る」で始まる単語の知識にかかってくる。

多くの子どもは「るびー」くらいしか知らない。「るすばん」は「ん」で終わっているから使えない。「るーる」は「る」で受けて、さらに「る」で返すわけだからなかなか巧妙だが、所詮は一回しか使えない。

そこで「るりかけす」の登場である。友だちとしりとり遊びをやっていて「る」が回ってきたとき、わたしは胸を張って、この頭の青い鳥の名前を挙げた。だが友だちの反応は「なにそれ?」

近所の悪ガキどもには、すこし高級すぎたかもしれない。

大人になってからも、密かに「る」が気になっていた。どこかで目にすれば、記憶するように心がける。虫眼鏡といわずに「るーぺ」という。「るばーぶ」「るっこら」「るいべ」など、食品は味わいながら覚える。賭け事はやらないから、「るーれっと」は単語だけ。「るんぺん」にもなりたくない。

学校では歴史で「るいじんえん」や「るねっさんす」を覚える。数学では「るーと」、政治経済では「るいせきあかじ」「るいしんかぜい」なんていうのが出てきたが、あまりつき合いたくなかった。

「る」で始まる単語は、大人向きなのではないか。「るーずりーふ」は高校生以上が使う気がする。「るーじゅ」は大人が使う口紅である。「るーむさーびす」なんて、お値段を考えると今でも緊張する。単語は自分の成長に伴って増えていく。歳を重ねるに連れて、「る」で始まる単語が蓄積されていった。

日本語に限らない。英語だったら、Xで始まる単語が限られている。ふつう思いつくのはX ray「レントゲン線」か、xylophone「木琴」。Xmasのような略語に頼らず、もちろんboxみたいな語末はダメ。こんな感じで、わたしはことばとつき合い、外国語とつき合い、今では外国語教師として仕事をしている。

いろんな外国語の中で、つき合いが最も深いのがロシア語である。ロシア語では、どの文字で始まる単語が少ないかといえば……。いや、それはロシア語を学んでいる人にしか、面白くない話題。いつか別の機会に、どこかで書くことにしよう。

ちなみに「ロシア語」は、ロシア語で「るーすきー・いずぃーく」という。

わたしはやっぱり「る」が好きなのだ。

本が紙であること

『このえほん』の表紙は本を持つ手。その手が持つのも、また『このえほん』。ループ状に続く『このえほん』の中の『このえほん』の中の『このえほん』……。

かがくのとも一九七四年十一月号を手にしたとき、わたしは十歳。衝撃だった。

物語は「このえほんはどこからきたの？」という疑問から始まる。配送、製本、印刷と、本作りの過程を逆行しながら紹介する。だが「そのまえは？」と尋ねる声は、どこまでも遡ることを求め、「ふたりのさくしゃのあたまのなか」にたどり着く。

若き日の谷川俊太郎と和田誠がアイディアを絞るイラストはくり返し眺めた。和田氏の絵が大好きで、彼のイラストに惹かれて、のちに星新一の小説へ進む。谷川氏の童話もたくさん読んだが、彼の訳したスヌーピーがキッカケとなり、英語が好きになった。わたしの原点は「このえほん」にある。

だが「そのまえは？」という疑問は終わらない。真っ白な紙まで遡ると、今度はその紙がどこから来たのかを問う。おかげでパルプやチップという単語を覚えた。さらにさらに遡っていくと……。

いや、いくら現在入手困難な絵本でも、最後のオチを明かしてはいけない。とにかく、親指と人差し指につままれた「小さなもの」のイラストで、話は終わる。

読み終えたとき、わたしにとって本は紙であることが決まった。『このえほん』から四十五年を経た今でも、わたしは紙の本を読み、そして書いている。

かがくのとも『このえほん』

フランス語学習にぴったりの絵本、あるかしら?

英語以外の洋書も置いている大型書店では、あらゆる言語の棚を一通り眺めます。仏書コーナーでふと見つけたのがLudwig Bemelmans: *MADELEINE* という絵本。邦訳のタイトルは『元気なマドレーヌ』(瀬田貞二訳、福音館書店)、パリの寄宿舎で暮らす十二人の女の子のなかで、いちばん小さくて元気なマドレーヌの物語は、子どもの頃くり返し読んだものです。懐かしくなり、久しぶりに読み返そうかと、一〇〇〇円もしないこの薄いペーパーバックを買い求めました。

ベッドに寝転がってページをパラパラめくります。物語は暗記していますから、わたしの哀れなフランス語でも充分に分かる。嬉しいな。ところで、この絵本っていつ作られたんだろう。奥付を見れば、一九三九年ニューヨーク。えっ、ニューヨーク?

そうなんです。著者ベーメルマンスはチロル地方の生まれで、ニューヨークで活躍した絵本作家。物語の舞台はパリですが、原著は英語で書かれました。知らなかった。子どもの頃に親しんだ物語ですから、オリジナルが何語かなんて気にしていなかったんですね。英語版も手に入れて、比べながら読んでみればこれがなかなか面白い。どちらも韻文でテンポがいい。改めて好きになりました。『元気なマドレーヌ』の原作がフランス語でなくても、別にガッカリしません。わたしはいろいろな物語の仏語訳を読んできました。たとえばスティーヴン・キングの*It*は、フランス語ではもちろん*Ça*なんですが、一一二一ページの長編をやっぱりベッドに寝転がって、最後まで楽しく読みました。おっと、でもこれは「子ども向け」ではありませんね。

そうそう、*Judy Blume: Tales of a Fourth Grade Nothing* に熱中していたことがありました。主人公ピーターが弟のファッジに振り回されるアメリカ児童文学が気に入り、涙を流して笑いながらシリーズ五冊すべて読了。邦訳がないけど、やさしい英語だから心配なし。で、楽しかった本は他の言語でも読みたくなる。探してみたら、ありました。同じ作品の仏語訳*C'est dur à supporter*は、英語とまた違った気分で楽しめます。

同じ物語をくり返し読むのが好きだけど、別の言語で読めばもっと楽しい。

そりゃフランス語オリジナルの作品がスラスラ読めれば、それもいいでしょう。ところが語彙力が決定的に欠けるわたしの仏語力では、とても太刀打ちできません。ダニエル・ペナック『カモ少年と謎のペンフレンド』（白水社）は、邦訳を読んだ直後にフランス語で読んだので理解できましたが、邦訳のない他のカモ少年シリーズとなるとそうはいかない。英訳はないようだし、イタリア語訳を見つけたので買ってみたけど、わたしのイタリア語彙力はフランス語以下なので、何の役にも立ちません。

だからまあ、すでに知っている物語ばかりをフランス語で読むわけで、そういうときには子どもの本がいちばんなんですよ。

だとしたら、原作が日本語だっていいわけです。そういう絵本も読んでいます。お気に入りはヨシタケシンスケ『あるかしら書店』（ポプラ社）。著者は今や日本を代表する人気絵本作家ですから、いろんな言語版を手に入れることができます。きのう再び洋書店に行って、仏語版（*La*

『元気なマドレーヌ』仏語版・英語版

librairie de tous les possibles）、英語版（*The I Wonder Bookstore*）、さらには伊語版（*Il libraio magico*）まで手に入れ、またしてもベッドに寝転がって、四冊並べて読んでいます。
　こうやって絵本を読みながら、密かに語彙を増やし、いずれはカモ少年シリーズをフランス語だけでなくイタリア語でも読んでやるんだと、野心に燃えていることは内緒です。

読まないで、ながめる

父ではなく、ましてや母でもないわたしが、「母の友」にエッセイを書く。

親にはならなかったが、これでも昔は子どもだった。絵本の溢れる環境で育ったが、読書を強要された記憶はない。自分で選んだ本を、好きなだけくり返し読んでいた。

読んだとはいえない本も多かった。かこさとし『ことばのべんきょう〈1〉くまちゃんのいちにち』（福音館書店）。とくべつなストーリーがあるわけではない。かこさんらしい細かいイラストと、そこに添えられた単語。それをただながめているだけで楽しかった。

ながめるだけだから、言語は何でもよかった。『スカーリーおじさんの英単語集』（中央公論社）は日本語と英語で表記されていたが、絵をながめたいのだから、そんなことはかまわない。そもそも、外国語なんて一生わかるはずがないと信じていた。

　ところが外国語を使う仕事に就いてしまった。しかも一つではなくて、いくつもの外国語。大学でロシア語や英語、ときにはウクライナ語やチェコ語を教える。それらをひっくるめて言語学の講義をしたりしている。

　それでも相変わらず本をながめている。『スカーリーおじさんの英単語集』はいろんな国で出版されている。カナダで出たウクライナ語版を手に入れた。ほとんど独習に近いわたしのウクライナ語。文法はロシア語に似ているから理解できるが、語彙となるとそうもいかない。そこで『ことばのべんきょう』と同じようにイラストと単語をながめる。すると子どものころのように楽しくなってくる。

　プラハで買ったチェコ語版は、チェコ語と英語のほかフランス語とドイツ語も挙がっていた。おかげでページは単語でいっぱいになるのだが、イラス

『スカーリーおじさんの英単語集』ウクライナ語版

トに添えられた四つの言語をながめる楽しみは、子どものころにはなかった新しい面白さだ。読み解こうとか、ましてや暗記しようとか、そういうことは考えない。ただただながめる。それが今でも続いている。

すぐに分からなくていい

クロケット・ジョンソンの『はろるどとむらさきのくれよん』（文化出版局）が好きだった。クレヨンで描いた世界で静かな冒険を繰り広げる主人公。とくに砂浜でパイを食べる場面が気に入っていた。九つものパイを描いて、少しずつ食べたらお腹いっぱい。でもおいしいパイを無駄にはしたくないので、お腹の空いているシカとヤマアラシを描いて、残りを片付けてもらうことにする。

子どものころ、ここで疑問がわいた。

ヤマアラシってなんだろう。

はろるどが描いたのは、トゲの生えたネズミのような動物。ハリネズミによく似ているが、いったいどこが違うのか、ずっと不思議だった。でも調べはしなかった。

ジャンニ・ロダーリ『チポリーノの冒険』もそうだ。保育園の紙芝居（童心社）で出合ったこの物語は、登場するのが野菜や果物で、主人公のチポリーノはタマネギの男の子。小学生になって杉浦明平訳の原作を岩波少年文庫で読んだが、中でも極貧の中でレンガを買い溜めて小さな家を建てる、うらなりカボチャのおじいさんの話が好きだった。

『チポリーノの冒険』チェコ語版

ところで、うらなりカボチャってなんだろう。カボチャは分かるけど、うらなりは知らない。気にはなったけど、やっぱり調べなかった。いまの子どもは何でも調べなければならない。本を開いたり、インターネットにアクセスしたりして、課題をこなすことが求められる。

けれどわたしは、そういう時代の子どもではなかったので、頭の中には未解決なことがたくさん溜まっていった。それがよかった。成長するにつれて、いろんなことが少しずつ分かってくるほうが楽しい。

外国語も同じで、すぐに覚えたことはすぐに忘れる。即座に調べたことほど、記憶に残らない。一方で心に長らくとどまっていた疑問が解決すると、いつまでも覚えている。

急いで調べなくていい。すぐに分からなくていいのだ。ヤマアラシやうらなりなんて、いずれ漱石の『坊ちゃん』で出合うのだから。

物語のこつ

アーノルド・ローベル『とうさんおはなしして』（文化出版局）に収録されている七つのお話では、「だいりょこう」がいちばん好きだ。ねずみの男の子がお母さんに会いに行くため、まず自動車を買って運転するのだが、走りすぎて途中で壊れてしまう。すると道端でローラースケートを売っていたので、これを買って進むが、これも壊れてしまう。すると今度は長靴を売っていて、それがダメになると運動靴を売っていて……。ここまではふつう。だが運動靴が擦り切れてしまい、ねずみは裸足で歩いて、しまいに足にひどい怪我をしてしまったとき、道端で売っていたものが意外で、思わずクスリと笑ってしまう。

物語はこうでなくっちゃ。

しかも面白くなるのは、ほんのちょっとした発想のおかげ。

そんな「物語のこつ」に気づいたのだが、父にならなかったので、子ねずみたちにお話をしてやる機会もなく、その発想を使うこともなかった。

ところが外国語教師として入門書を書いていると、この「物語のこつ」が無意識のうちに作動してしまうらしい。

拙著『ニューエクスプレスプラス ロシア語』（白水社）は、五〇言語以上を有する同シリーズの一冊だが、わたしのは本文スキットが他とは違うといわれる。主人公つばさ君が現地でロシア語を学んでいく設定だが、モスクワの名所旧跡を巡ることはなく、ひとりで小説を書いたり、カサも持っていないのに辞書を買おうとしたり、マイペースな彼がふつうでないと評される。ふつうでないから、クスリと笑えるのだ。『とうさんおはなしして』と同じ「物語

『とうさんおはなしして』英語版

のこつ」が、ここで発揮されている。

イラストをお願いしたのは絵本作家の藤田ひおこさん。ご本人によれば、「つばさ君は二十代の龍くんをイメージして描きました」とのこと。古くからの知り合いなので、五十代になったわたしをいまだに「龍くん」と呼ぶ。わたしはクスリと笑ってしまう。これが彼女の「物語のこつ」なのか。

カフカ的博物館

その都市名を仮にXとしよう。

X市はスラブ圏独立共和国の首都である。街は南にある鉄道駅から城に向かって、なだらかな坂を登るように広がる。

観光都市というわけではないが、博物館はそこそこあり、街中には道案内の矢印があちこち表示されている。すでに何回か訪れたことがある街なので、興味のある博物館はすでにだいたい巡った。

だが「X市八〇年代博物館」は知らなかった。

そもそも、その街が八〇年代ブームというのも奇妙だった。書店でも八〇年代、CDショップでも八〇年代。世界的ヒットとなった『ボヘミアン・ラプソディ』の影響かは知らないが、とにかく八〇年代というキーワードがやたら目に留まる。一方わたしとカミさんにとっては、七〇年代はノスタルジーを感じるものの、八〇年代となると生々し過ぎるのか、音楽にせよ文学にせよ、それほど興味がない。だが数日間の滞在中に、X市の行くべきところに行き尽くしてしまうと、それじゃ博物館にでも、ということになる。

この街で滞在していたのはアパルトマンだった。目の前の通りは坂になっているが、数十メートル上がると喫茶店がある。人が少なくて落ち着けるが、遠くからはいつもガチャガチャした音楽がボリュームを絞って微かに聞こえる。そこで毎朝コーヒーを飲みながら、その日の計画を立てるのが習慣となっていた。

今日は八〇年代博物館に行ってみようか。

ところが場所がわからない。無料でもらった市内地図に載っていないところをみると、やはり新しいのだろう。だがそれほど遠いわけではなさそうで、その証拠にアパルトマンの近くには、博物館の方向を示す矢印があちこちにあった。

実は前日に、場所だけでも確認しておこうと矢印を追いかけてみたのだ。ところが不思議なことに、途中まで行くと案内が消えてしまう。何度か試したものの、どの矢印に従っても、どうしても見失ってしまうのである。

だから今日はまず観光案内所に行って、博物館の場所を確認するところから始めることにした。受付にいた職員は、こちらが現地の言語で話すと明らかにつまらなそうな顔をした。どこの街にも、外国人と英語で会話することに無上の喜びを感じる者はいるわけで、そういう者にとっては現地語を話す外国人など面白くない。それでも仕事だから、こちらが求める八〇年代博物館の場所を教えてくれた。わたしたちが持っているのと同じ地図の上に、ボールペンで印をつける。

おや。

これはわたしたちのアパルトマンのすぐそばではないか。

ということで振り出しに戻る。いつもの坂をどんどん上っていくのだが、一般住宅ばかりで博物館らしきものなど皆無だ。ついに通りの名前が変わってしまった。これ以上先に行っても望みはない。

昨日と同じだ。そこで今度は横道に入ってみる。ちょっとした居酒屋があったりするが、午前中だからどこも休業中。道を尋ねようにも人がいない。

そのうち、X市博物館に出た。

ひょっとして八〇年代博物館は、X市博物館内にあるのか。

開館前だったが、扉が開いていたので入ってみる。中を見渡すのだが、それらしき表示もない。そのうち職員から声をかけられる。

「開館は一〇時半ですから、しばらくお待ちください」

そこでこの職員に質問する。わたしたちは八〇年代博物館を探しているのですが、ご存じありませんか。

ところが職員の答えは意外なものだった。

「そんな博物館は聞いたことがありません。とにかくここはX市博物館です」

わたしの話す現地語が下手なのか、それとも相手の理解力が弱いのか。とにかくこれ以上ここにいても埒が明かないし、X市博物館は数年前すでに訪れているので用はない。元来た道に戻る。通りにはやはり、案内の矢印があちこちある。だがそれを辿っていけば、いつしか見失ってしまう。これではカフカの『城』ではないか。

こんなことをくり返しているうちに、ふと思いつく。もしかして、どこか細い横道に面して入口があって、だから気づかないんじゃないか。そこでおよそ観光客が足を踏み入れそうもない横道を一つ一つ入ってみる。やはり何もない。

ある通りで、地元の老人から英語で声をかけられた。

「そっちへ行っても抜けられませんよ」

わたしは現地語で答える。ええと、八〇年代博物館を探しているのですが。

「なるほど、ああ、わかりました。それならこっちです」

老人というものは、得てして現地語を話す人にやさしい。博物館を目指して一緒に歩きながら、どうしてわたしたちの言語を学んだのかと尋ねてくる。この街では一日に数回される質問なので、こちらもスラスラと答えられるのだが、最後まで説明し終わる前に老人がいった。

「ほら、ここですよ」

老人が指さしたのは、朝コーヒーを飲んでいた喫茶店の二階だった！

遠くから聞こえるガチャガチャした音楽は、そういう理由だったのか。私設博物館みたいだから、X市博物館の職員が知らないのも無理はない。すべて合点がいく。それにしても、これが八〇年代博物館だとしたら、あまり好みではなさそうだ。結局、見学はやめることにした。

そして、不思議な経験だけが残ったのである。

洋書の『死せる魂』

古書が部屋の装飾として使われている店に入ると、なんとも不思議な気持ちになる。好まれるのは洋書らしい。生活雑貨店や喫茶店などに並ぶ、内容は無視され、背表紙だけで評価された古い本たち。

ウェブ上のデザインで使われることもある。海外留学を斡旋する会社のＨＰには、意識高い系のヤング・エグゼクティブたちが高級スーツ姿で微笑み、その背景には一面の本棚と洋古書たち。ところが「本は読むもの」という古い概念に囚われているわたしには、この書棚がなんとも奇妙に映る。いったいどんな本が並んでいるのか、拡大表示にしてまで背にある文字を読んでみるのだが、その並べ方がバラバラなことに驚く。読書する人間だったら絶対に思いつかない配置。さらに不思議なのが、古い書籍しか並んでいないこと。本を読む人の書棚には、新旧さまざまな本が並ぶのがふつうだろう。それが一定の時代のものに限られるのは、まるで時間が止まったかのようではないか。これじゃ主人のいなくなった幽霊屋……。

それでもなんでも、世の中にはイメージ重視の人が少なからずいて、まったく違った視点から本を求めるのである。東京・神保町にある老舗洋古書店で、テレビ局のADと思われるジーンズ姿の女性が、ドラマのディスプレイ用に大量の洋書を買い付ける姿を目撃したことがある。こういう本は撮影後にどうなってしまうのかと、ふと考えた。

その神保町であるとき、某文庫の編集者と飲んでいた。最近流行りの、クラフトビール専門店。メニューには国内外のさまざまなビールが並ぶ。チェコの老舗ビアホールで慣れているわたしには、ビールなんて二、三種類で満足しているものだから、選ぶのがかえって面倒。ところが週末ということもあって店は満員で、予約していったにもかかわらず、壁に面した狭苦しいカウンター席があてがわれた。

編集者が手を洗いに席を外す。ふと目を上げれば、頭上には手の届く高さに棚があり、そこに本が並んでいた。しかも洋古書。本がある空間でお酒を呑むのがオシャレという向きもあろうが、自宅では否応なく本と本の間で飲食している身にはまったく理解できない。だがそこに本があれば、どんな言語であっても背表紙を凝視して読みたくなってしまうのが、長年の癖。

おや。

そこにはキリル文字が。しかもロシア語ではない。バルカン半島のある言語で、しかもタイトルには蔵書で有名な修道院の名前が見える。思わず手を伸ばす。

予想は違わず、それは古代スラブ語の写本すら有する修道院に保管された、一八世紀くらいの文書に関する書籍だった。出版年度は東欧の政変以降でそれほど古くはないが、出版地が首都でないところが興味深い。

折よく戻ってきた編集者に、そんなことを話す。外国の歴史や言語に深い興味を示しながらも、外国語は苦手というその編集者は、わたしの話に身を乗り出す。不思議ですね、そんな本がどうしてこんなところにあるんでしょうね。

ここでふと思いつく。

店員を呼んだ。満席の間を忙しく走り回っている女性が、追加注文だとばかり思って近づいてくる。だが、わたしの求めるものは違った。

あの、この本、売っていただけませんか？

笑顔だった女性の顔が曇る。何のことだか、さっぱり理解できないといった表情。

あのですね、ここに展示してある本ですが、これが欲しいので、売っていただきたいのです。三千円でいかがでしょうか。

女性は神妙な顔をして、少々お待ち下さいと奥へ引っ込んだ。しばらくすると、店長と名乗る男性がやってきた。そして丁寧な口調で、たいへん申し訳ありませんが、これは商品ではないのでお売りすることはできませんと説明した。

それでは仕方がない。

実をいえば、その本がそれほどほしかったわけではない。三千円は少々高かったかなと、すこし後悔していた。

本当の目的は、店員がどんな反応をするか見たかったのだ。

本を装飾として扱っている人たちは、その真価が分からないことを、心のどこかで意識しているのではなかろうか。もしかして、この中に大変な稀覯本があるかもしれない。そんなことを信じているように見えるのだ。

一九世紀ロシア文豪ゴーゴリの長編小説『死せる魂』は、詐欺師チチコフが、すでに死んだのに戸籍上は生きていることになっている農奴を買い集めようとする話である。戸籍調査が数年に一度しかおこなわれない当時のロシアでは、地主は死んだ農奴の分まで人頭税を払わなければならなかった。チチコフはそれを安く買い集め、それを担保に大金を借りようという魂胆なのだ。その真の目的はともかく、地主にとってこの話はお得なはず。ところが地主の中には、なんだか分からないけど損するんじゃないかと心配し、売り惜しんだり、法外な値段を吹っかけたりする者が現れるのである。

ひょっとするとクラフトビール専門店の店長は、そのあと慣れないキリル文字を懸命に入力して、「死せる魂」の価値をインターネットで調べたのではなかろうか。

その洋古書は、いまもその店に並んでいるはずだ。オシャレな背表紙は相変わらず店を飾るが、中身は決して読まれることがない。それでも誰かが手に取ってくれることを期待して、今夜もじっと息を潜めている。

おわりに

『外国語の遊園地』というタイトルは、星新一『エヌ氏の遊園地』から取った。中学時代に夢中で読んだ『きまぐれロボット』、『ボッコちゃん』、『盗賊会社』などは、どれも収録されているショートショートの一篇が書名となっている。だが『エヌ氏の遊園地』には、そのようなタイトルの作品がない。

もしあったらどんな作品だったろうかと、想像を膨らませたりしていた。

そこでここでは、「外国語の遊園地」というショートショートエッセイを書いてみたい。

＊＊＊

外国語の遊園地といったら、どんなものを思い浮かべるだろうか。

多くの人は、多言語がにぎやかに響くテーマパークを思い描くに違いない。そこには言語ごとの展示館があって、館内はその言語が使われている地域に因んだ展示品が並ぶ。各国料理が用意され、名産品も販売されるが、肝心なのは言語だ。ここはスペイン語、ここはベトナム語というように、建物内はそれぞれの外国語が聞こえる。ちょっとした研修にも使えるほどの充実さ。勉強している外国語を試してみるのに、打ってつけの空間なのだ。

だがわたしは、そんな遊園地にそれほど惹かれない。

実際、そんな感じの外国語空間を人為的に作っている所もあるらしいが、どんなに充実したバーチャル空間を実現させたところで、所詮は作りものにすぎない。現地の本物には敵わないに決まっている。むしろ空しい。

一方で言語については、現地へ行っても最近ではその国の言語が使えるとは限らない。たとえば夏のプラハに行く。現地の住民よりも観光客のほうが多いのではないかと、疑りたくなるほどの大盛況。ヨーロッパ諸語を中心にいろんな言語が飛び交うが、おかげで肝心のチェコ語がなかなか聞こえてこない。こちらはチェコ語を使いたくて来ているのに、これでは困ってしまう。

そこで考えた。プラハ近郊にチェコ語しか使えない地区を作ってはどうか。

できればチェコらしい建物や街並みがあればいいけれど、わざとらしいものは要らない。重要なのは言語である。ここでは原則としてチェコ語のみである。喫茶店も料理店も土産物屋も博物館も、従業員はどこでもチェコ語だけを使う。彼らは事前に研修を受けているから、外国人向けに標準的なチェコ語が話せる。初心者にも分かりやすい。チェコ語がどうにもダメな人は、その地区の入口で通訳が雇える。通訳を通せば地域内の従業員ともコミュニケーションがとれるが、直接に話すことはできない。そうしたければ、自分でチェコ語を頑張るしかないのである。

これこそが、わたしの考える「外国語の遊園地」なのだ。

もちろん、日本でも実現させたい。わたしが心密かに期待を寄せるのは、東京から電車で三〇分ほどのところに位置する「蔵の街」。古い建物が数多く残っており、観光地として料理店や土産物屋も充実している。気に入って、これまでに何度か訪れたことがあるのだが、この街を歩きながら考えた。こんなにも日本らしい風格のある街で、英語やフランス語を使うのはもったいない。それよりも世界各地で日本語を学んできた人が、自分の語学力を試す場所として、期待に胸を弾ませる「日本語の遊園地」にしてはどうか。日本語だって、人によっては外国語なのだから。

こんな感じで、世界中に外国語の遊園地ができたら、どんなにすてきだろうか。わざとらしい品物はいらない。ちょっと古いものも合わせて、その言語社会の「ふつう」の品物を並べてほしい。心ある外国語学習者だったら、そこから多くのことを学んでくれると信じている。

だが、わたしにはこれを実現させるだけの力がない。

だからせめて、外国語に関連する「もの」の話をまとめることにしたのである。

エッセイで取り上げた海外の品々は、東京の狭いマンションをささやかな遊園地にしてくれる。どれも音を出さない静かな品物だが（チェコ太郎は除く）、なんだか楽しくなる空間を作り出してくれるのだ。断捨離が性に合わないワケである。

＊＊＊

本書に収録されたエッセイは、ほとんどが新聞や雑誌ですでに発表されたものである。一冊にまとめるにあたり、白水社の岩堀雅己さんには大変お世話になりました。ここに感謝します。

二〇二二年十二月

黒田龍之助

初出一覧

第ⅰ章　「日本経済新聞」連載「プロムナード」（二〇一七年七月四日〜一二月二六日、夕刊掲載）

第ⅱ章　「雑誌ふらんす」連載「文字があれば、語学はそこから始まる　捨てられないヨーロッパの紙」（二〇二〇年四月号〜二〇二一年三月号）

第ⅲ章　「雑誌ふらんす」連載「図書館にはないけれど、外国語学習を豊かにする　読み捨てられるヨーロッパの本」（二〇二一年四月号〜二〇二二年三月号）

第ⅳ章　「る」で始まる、「る」から始まる（「飛ぶ教室」二〇一八年春号）

本が紙であること（「こどもの本」二〇二〇年一一月号）

フランス語学習にぴったりの絵本、あるかしら？（「雑誌ふらんす」二〇二〇年六月号特集）

読まないで、ながめる（「母の友」二〇二二年一月号）

すぐに分からなくていい（「母の友」二〇二二年二月号）

物語のこつ（「母の友」二〇二二年三月号）

カフカ的博物館（書き下ろし）

洋書の『死せる魂』（書き下ろし）

著者紹介

黒田 龍之助（くろだ　りゅうのすけ）
1964年、東京生まれ。上智大学外国語学部ロシア語学科卒業。東京大学大学院修了。スラヴ語学専攻。現在、神田外語大学特任教授、神戸市外国語大学客員教授。

主要著書

『ロシア語のかたち』『ロシア語のしくみ』『ニューエクスプレスプラス ロシア語』『つばさ君のウクライナ語』『寝るまえ5分の外国語』『外国語の水曜日再入門』『ロシア語の余白の余白』『羊皮紙に眠る文字たち再入門』『チェコ語の隙間の隙間』『寄り道ふらふら外国語』『ことばはフラフラ変わる』『もっとにぎやかな外国語の世界［白水Uブックス］』（以上、白水社）、『ロシア語だけの青春　ミールに通った日々』（現代書館）、『初級ロシア語文法』『初級ウクライナ語文法』『ぼくたちの英語』『ぼくたちの外国語学部』（以上、三修社）、『ウクライナ語基礎1500語』『ベラルーシ語基礎1500語』（以上、大学書林）、『はじめての言語学』（講談社現代新書）、『大学生からの文章表現』（ちくま新書）、『外国語をはじめる前に』（ちくまプリマー新書）、『ポケットに外国語を』『その他の外国語エトセトラ』『世界のことばアイウエオ』（ちくま文庫）、『語学はやり直せる！』（角川oneテーマ21）、『外国語を学ぶための言語学の考え方』（中公新書）、『物語を忘れた外国語』（新潮文庫）、『にぎやかなロシア語メモ』（大修館書店）

装丁
三木俊一（文京図案室）

外国語の遊園地

二〇二三年一月一五日 印刷
二〇二三年二月一〇日 発行

著者 © 黒田龍之助
発行者 岩堀雅己
印刷所 株式会社理想社
発行所 株式会社白水社

東京都千代田区神田小川町三の二四
電話 営業部〇三（三二九一）七八一一
編集部〇三（三二九一）七八二一
振替 〇〇一九〇-五-三三二二八
郵便番号 一〇一-〇〇五二
www.hakusuisha.co.jp
乱丁・落丁本は、送料小社負担にてお取り替えいたします。

加瀬製本

ISBN978-4-560-08962-0
Printed in Japan